「探究」する学びをつくる

社会とつながるプロジェクト型学習

藤原さと

平凡社

「探究」する学びをつくる　目次

はじめに　8

1

なぜ「探究」する学びが求められたのか　22

1　視察者の絶えない学校ハイ・テック・ハイ

2　ハイ・テック・ハイの4つのデザイン指針

1. 公正であること
2. プロジェクトによる学びと人間的成長
3. 実社会とつながる美しく真正な学びをする
4. 教師も協働し、学習する組織を実現する

2
プロジェクトベースの学びとは何か 46
1 ハイ・テック・ハイはプロジェクト型学習が中心
2 探究は「不安定な状態」から始まる
3 最高のアウトプットをデザインする

3
プロジェクト型学習が子どもの生きる力を伸ばす 72
1 プロジェクトは「発表」の場面から逆算する
1. プロジェクトの開始
2. 本質的な問い
3. アイディア出し
4. 批評
5. 学習スキル・知識・学習態度

6. プロトタイプと修正
7. 発表会
8. 評価
9. 振り返り

2 環境とコミュニティに関わる実践プロジェクト

4

「美しい仕事」をする生徒たち 116

1 美しい学校をつくろう
2 エクセレンスの倫理を養う
3 健全な「批評」がお互いを鍛える

5 「評価」を変えれば子どもも変わる 134

1 生徒中心の評価を行う
1. 自己評価 Self Assessment
2. ピア評価 Peer Assessment
2 プロジェクト型学習中心でも高い大学進学実績

6 学習し、成長する組織 166

1 自由度の高い教師たち
2 常に学習する組織づくり
1. 共有ビジョン
2. 自己マスタリー

3. チーム学習
4. メンタル・モデル
5. システム思考

7
日本の学校への応用 194
1 教育現場の抱える課題
2 日本でもプロジェクト型学習は可能

あとがき 232

作図——丸山図芸社
デザイン——三木俊一（文京図案室）

「探究」する学びをつくる——社会とつながるプロジェクト型学習

はじめに

正義は、協調と友愛をつくり出す。[*1]

プラトン（哲学者）

21世紀の子どもたちのために

「Most Likely to Succeed（これからの学校の役割）」という教育ドキュメンタリー映画が、2015年1月にアメリカのサンダンス映画祭で公開されて大きな反響を呼んだ。その後、同映画は35カ国以上の学校や教育委員会、地域のコミュニティで7000回以上（2019年末時点）、上映された。日本でも45都道府県で500回以上[*2]の上映会が行われ、そのなかには学校や地域コミュニティの他、文部科学省、経済産業省、および長野県教育委員会、広島県教育委員会、埼玉県戸田市教育委員会など、これからの新しい学びを模索する多くの教育委員会での上映が含まれている。

この映画は、貧富の差が絶望的なまでに広がり、かつ公教育が崩壊しているといわれているアメリカにおいて奮闘し続ける、とある公立校を題材にしている。[*3]日本でも経済格差は広がり続け、それが教育格差につながるという負の連鎖が始まっている。そうした現状を憂《うれ》える声は多く、教師を含めた学校関係者も保護者も、そして子どもたちもこのままでいいのかと思っている。テクノロジーが進化し、産業構造が大きく変わるなかで、将来、人工知能に仕事を取られてしまうかもしれないという漠然とした不安がある。その声に耳を傾けず、学校が時代錯誤の教育しか施せないのであれば、学校など要らないのではないか、という人もいる。しかし、「学校」は本当に要らないのであろうか。確かに知識をインプットするだけであれば、どんどんコンテンツが更新されるインターネットの教材のほうが優れているかもしれない。教育に関わる無料の動画だってたくさんある。お金さえあれば優秀な専門家を家庭教師につけることも可能だろう。「学校」の存在意義は何なのだろうか。

この映画のエグゼクティブ・ディレクターであるテッド・ディンタースミスは、「学校は創造性を殺しているのか」というテッドトーク（TED: Technology Future Entertainment Design Talk）でも知られる教育思想家のケン・ロビンソン卿、全世界で教育のコンテンツを発信するカーン・アカデミーのサルマン・カーン氏、『未来のイノベーターはどう育つのか』などの著書があるハーバード・イノベーション・ラボのトニー・ワグナー氏など有識者へのインタビューを重ねた。そのなかで浮かび上がってきた考え方を土台として、先端的な学びを実現している全米各地の学校を2年かけて取材した。そして、最終的に映画のモデル校として選ばれたのが、アメリカ西海岸、メキシコとの国境の町、サンディエゴのハイ・テック・ハイ（High Tech High 略称ＨＴＨ）という新しいかたちの公立校だった。

同校が選ばれた理由は、いくつかある。まず非常にクオリティの高いプロジェクトを教師と生徒のチームでつくり上げていることが挙げられる。その過程で、「他人への思いやり」「粘り強さ」「人を巻き込む力」「明るさ」などの人間性や一般的なテストでは測定しにくい非認知能力を十分に伸ばしていること。また、生徒の約半数が低所得層[*4]の子であっても、96％の生徒がカレッジ以上の大学へ進学し、4年制大学への進学は2015～18年の入学実績でカリフォルニア州平均の26％に対し54％と、ほぼ2倍の入学者を出すなど、学力面でも非常に高いパフォーマンスを実現していること、などがある。

現実と交渉し、理想を追う

ハイ・テック・ハイはチャータースクールという形式の公立校で、授業料は無料である。生徒は郵便番号を使った抽選方式で募集し、地域の人口構成と同じになるように配慮されている（このやり方はハイ・テック・ハイが特殊ということではなく、他のチャータースクールでもなされている）。経済的にも人種的にも多様な子が集まり、貧困層の子も発達障害の子も通ってくる。２０００年に開校し、地元のコミュニティなどと連携し、実際に社会的な課題に関わるプロジェクト型学習を教育の中心に据えている。決まった教科書や定期試験がなく、どんな教材を使って、どんな授業をするかは完全に教師に任されている。

一方で上述のとおり、高い大学進学率を誇る。そんな同校を希望する生徒・保護者は後を絶たず、スタートは生徒数４５０名の高校１校からだったが、２０２０年春現在では、小学校から高校まで計16校を運営し、生徒総数は６３５０人を数える。[*5] 教師は1年契約という雇用形態で、かつ一般的な公立校の給与水準より低いにもかかわらず、熱意のある教師からの応募が絶えない。学校付属の教育大学院では、毎年１５００名以上の教師がこの学校のカリキュラムを学ぶために全米および海外から集まり、年に約５０００名の学校視察者を受け入れている。[*6]

映画では、同校の9年生（日本の中学3年生）２人が成長していく姿を追い、子どもたちが社会のやっかいな「常識」や「現実」と交渉しつつ、確実に成長する様子を描き出す。一方で、「学校」という概念を覆す先進的な授業スタイルに対する保護者の心配気な顔も映し出される。大学受験も、教育にとって本質とはいえずとも、決して無視することのできない問題である。そのなかで、「生涯にわたってあなたの人生を豊かにする本当の学びとは何か」という問いと向き合い続けるハイ・テック・ハイの教育の姿勢には、日本の先生も保護者も子どもたちも大きく共感できるところがあるのではないだろうか。

ハイ・テック・ハイとの出会い

私は教師ではない。大学では政治学、大学院では公共政策を学び、公共セクターと民間企業を行き来しながら仕事を続けてきた。なぜ教育に関心をもつようになったかといえば、2つの保育園との出会いが大きい。娘が通うことになった家の近くの認証保育園が、「子どもには、自分を育てる力が備わっている」という基本的な考え方をもつモンテッソーリ教育を採用していた。その後2歳児クラスより転入し、お世話になった公立保育園の園長が、子ども一人ひとりの自発的な遊びや活動を重視する自由保育を長年実践されてきた井上さく子先生だった。2つの園の、子どもの力を信じる子育てに触れ、強く刺激を受けた。井上さく子先生は、汐見稔幸《しおみとしゆき》先生（東京大学名誉教授、白梅学園大学名誉学長）が信頼する方だった。

たまたまその保育園で父母会長となったこともきっかけとなり、地域での子どもの学びをどのように支援していったらいいのかを考え始めた。その時に出会ったのが、「探究学習」である。その普及活動のために、2014年に一般社団法人「こたえのない学校」を設立した。小学生向けのキャリア教育型の探究学習の設計・実施からスタートし、２０１６年より国内第一線の探究学習の実践者の協力を得ながら、学校教員や民間教育者たちが集ってチームを形成し、「探究する学び」を自らつくり出す7カ月のプロジェクト型研修「Learning Creators' Lab」を始めた。今は教育委員会や学校向けの研修・アドバイザリーなどにも携わっている。

２０１６年3月には米テキサス州オースティンで開催されたサウス・バイ・サウスウエスト（ＳＸＳＷ）という全米で最大級のイベントで、「Most Likely to Succeed」の日本での上映活動をしている FutureEdu の竹村詠美《えみ》さんと出会った。私はその年のＳＸＳＷの教育分科会の1セッションにパネラーとして登壇し、竹村さんはその次の年に同じセッションで登壇している。

当時、私は家族の仕事の都合でテキサス州に在住し、現地校に通う小学校低学年の娘の子育てのかたわら、日本に定期的に一時帰国し「こたえのない学校」の活動を継続していた。また、せっかくの機会を生かそうと、アメリカ現地のコミュニティカレッジで教職課程を履修し、公立高校で代理教師をしたり、学校視察や現場教師へのインタビュー、リサーチを行ったりしていた。竹村さんから映画の話を聞き、早速私も見たのだが、公教育とプロジェクト型学習と大学進学という3者を同時に成り立たせるハイ・テック・ハイのあり方は、非常に現実的で、これからの日本の教育にも応用が可能だと直感した。

そこで、一時帰国中にLearning Creators' Labでアドバイザーをしてくださっている東京学芸大学教職大学院准教授（当時）の岩瀬直樹先生（２０２０年4月より軽井沢風越《かざこし》学園校長・園長）らと一緒に「Most Likely to Succeed」を見る機会をもった。先生たちはその中身に大きな刺激を受けたようだった。

ハイ・テック・ハイの研修を日本で実施

映画の視聴から約1年後、２０１８年5月に岩瀬先生らと共にサンディエゴにあるハイ・テック・ハイの小・中・高等学校を訪れた。アートに溢れたキャンパスの美しさ、子どもたちが穏やかでありながら真剣にプロジェクトに取り組む様子に強い印象を受けた。

見学者には、生徒数名がボランティアとして自分たちがどのようなプロジェクトをしているのかを説明してくれる。また、教室に立ち寄ったときに、先生に聞いてオッケーであれば、生徒に自由に質問してよいことになっていた。

その時に新鮮だったのは、どの生徒に説明を求めても、生き生きと楽しそうに説明してくれることである。小学生であっても驚くほど落ち着いて、プロジェクトの目的や進行について堂々と説明ができる。また、ある生徒に質問をしていると、だんだんと周りに生徒が集まってきて、あれやこれやと見せてくれる。「今度キャンプに行くから、その計画を立てている」と、テントを作りながら楽しそうに話してくれる子もいた。

高校生は教室の外のスペースで、真剣にドリルや電動ノコギリを使いながら大きなプランターを作製していた。

ある授業では、アドバイザリーという日本でいうとホームルームのような時間だったこともあって、見学者であったにもかかわらず、「日本」について教えてほしいと言われて、即席の小さなプレゼンテーションをすることになった。日本のアニメーションや日本の学校文化のことなど、次から次と質問が飛ぶ。そのクラスは11年生で、日本でいえば高校2年生だが、年齢的には「学校なんてつまらない」と斜めな態度になっていてもおかしくない若者たちである。ところがみんな人懐っこく、クラスの全員が楽しそうに話を聞いてくれた。学校を尊重し、先生を尊敬し、クラスメイトを大事にする――こうしたことは当たり前ともいえるが、様々な学校見学をするなかでは、なかなか目にすることのできない光景である。

また、現場の主任級以上の教師数名にカリキュラムおよび評価方法に対するヒアリングを行ったが、私たち見学者の一致した認識は、「優れたカリキュラムであり、2020年度から順次スタートする日本の新しい学習指導要領の考え方にも沿っており、日本の先生なら能力的にも絶対にできる教育だ」というものだった。

その時に視察のコーディネイトをしてくれたのがハイ・テック・ハイ教育大学院で、その知見や新しい取り組みについて紹介する「ハイ・テック・ハイ・アンボックスド」の編集をしているアレック・パトンであったことも幸運だった。ハイ・テック・ハイは、プロジェクト型教育実践の知見を統合し、２００７年から教育大学院をスタートしており、その研修プログラムに全米、そして海外からも教員が集まっていることを知った。またアレックは「Work That Matters」という１００ページ程度の教育者向けガイドブックの作成もしていた。私はエキサイトし、資金もないのに、帰国後、「日本でこの研修を実施したら受けたい先生はたくさんいる。日本でぜひ研修をしたい」とメールを送り、諸条件の確認などのやりとりを始めた。

とはいえ、実際に試算してみると、とてもではないが収支が合わない。はったりをかませてはみたものの、私の運営しているような小さな法人では体力がもたないと思っていたときに、上述の竹村さんから、経済産業省が「未来の教室 Learning Innovation」をスタートさせ、教育テクノロジー・個別最適化・文理融合・社会課題解決をキーワードに、新たな教育プログラムの開発・実証を行うための事業に助成をするから、ハイ・テック・ハイに関する事業を一緒に提案してみないか、と誘われたのである。

その後、実業家の孫泰蔵《そんたいぞう》氏が創設した Mistletoe 株式会社と竹村さんの法人 FutureEdu

と共にコンソーシアム（共同事業体）を結成し、経産省の同事業の採択を無事受け、ハイ・テック・ハイ教育大学院の教育者研修を日本の文脈に沿ったものにするためのプログラム開発をスタート。具体的には２０１８年秋に竹村さんと私がそれぞれ実際にハイ・テック・ハイで教育者向けの研修を２タイプ受講し、それを基にハイ・テック・ハイの先生と一緒に日本の教育者向けのプログラムプランを作成。２０１８年末には日本の教育委員会の指導主事や今後のプロジェクト型学習を牽引《けんいん》することになるカリキュラム開発を行う主任・マネジメントレベルの教員を対象に現地視察を実施した。２０１９年の1月にハイ・テック・ハイの教員2名が来日し、公募に応じた45名の教員に対し、3日間の研修を実施し、研修後のアンケート評価を行った。非常にその内容がよかったこともあり、その後、竹村さんと共同設立した一般社団法人Learn by Creationのほうで研修を引き継いでいる。

すべての基本に「公正」がある

ハイ・テック・ハイ創始者のラリー・ローゼンストックは、同校の中核の概念を次のように説明する。

「ハイ・テック・ハイで何よりも大切にしてきたのは、〝ハイ・テック・ハイは『公正（Equity）』を実現するためのプロジェクトである〟という思想です。すべての取り組みの根本に公正性があることを大事にしています[*7]」

ハイ・テック・ハイがいう「公正」とは、「誰もが、人種や性別や、性的な意識や、身体的、もしくは認知的能力にかかわらず、同じように価値ある人間だと感じることができること」である。

「大学なんて行かなくてもいい」「学歴など要らない」というのは簡単だ。しかし、現実問題として、「学歴などなくても困らない」グーグルやフェイスブックに入社するようなトップ層はともかくとして、ほとんどの高校生は、「大学に行かないと就職できない」という不安を抱えている。その現実を一番よく知っているのは誰でもない、子どもたちだ。貧困家庭に生まれた子どもたちに、具体的な手を打たずに、「あなたには無限の能力があるのだから、大学など行かなくても何にでもなれる」というのは大人の欺瞞《ぎまん》でしかない。

アメリカには、広がり続ける経済格差、差別問題、学歴偏重主義がある。学校教員の給与は極めて低く、社会的地位も同様で、治安の悪い地域での教育活動には危険が伴う。特に学歴偏重は日本の比ではなく、日本では中学卒業であっても高卒認定試験(高等学校卒業程度認定試験)など挽回の余地が比較的多く用意され、技術や職能があれば学歴がなくても尊敬される職人的文化もまだ残されているが、アメリカの場合は、大学卒業資格がなければ地域の簡単な仕事に就くしかなく、昇格のチャンスも閉ざされがちで、貧困のループから抜け出すことは非常に難しい。

経済格差が大きく開き、高等教育の学費負担は増え続け、ごく一部のトップエリートだけが富のほとんどを独占する一方、地元の州立大学を卒業したくらいでは、ちょっとした病気やケガ、経済の不調による解雇などから、容易に貧困に転落する人も多く、社会不安が広がっている。そんななかで、「誰もが、人種や性別や、性的な意識や、身体的、もしくは認知的能力にかかわらず、同じように価値ある人間だと感じることができる」社会をどのようにつくり上げていけばよいのか。

現在、日本もアメリカの後を追っている。息が詰まるような社会のなかで、「評価」や「テスト」の批判は簡単だが、様々な問題のある現実から決して目をそらさず、解決策を探り、自分の生を生き切る幸せな子どもたちを育てるためにはどうしたらよいのか。それを考え続けるハイ・テック・ハイの提案は、リアリストのための教育である。

「探究」と「プロジェクト型学習」が鍵

プロジェクトを主体とした学びは、「這い回る経験主義」とも揶揄《やゆ》されるように、しばしば「子どもたちは楽しいかもしれないが、得られる知識量も絶対的に足りず、学力が身につかない」という批判にさらされる。ここでいう「学力」とは、いわゆる一般的な認知能力のことで、基本的には記憶力が問われる、もしくは記憶をすることで高い点数をとるためのものである。しかし、ハイ・テック・ハイは、こうした「テスト」も否定することなく、生徒に前向きに取り組むように促していく。「プロジェクト型学習」と「暗記」は両立させることも可能なのだ。

日本では、「学習指導要領」が改訂され、2020年度から順次導入が進む。「学習指導要領」は学校教育法などに基づき、文部科学省が各学校で教育課程（カリキュラム）を編成する際の基準を定めるものであり、およそ10年に一度改訂される。今回の改訂で文科省は、「学校で学んだことが、子供たちの『生きる力』となって、明日に、そしてその先の人生につながってほしい」「これからの社会が、どんなに変化して予測困難な時代になっても、自ら課題を見付け、自ら学び、自ら考え、判断して行動し、それぞれに思い描く幸せを実現してほしい」という願いを込めたとしている。

また、「予測困難な時代だからこそ、各人が持続可能な社会の担い手として新たな価値を生みだしていかねばならない」という現状認識から、高等学校学習指導要領では「総合的な探究の時間」が設定され、小・中学校学習指導要領でも、特に理科・社会などの分野で「探究」という言葉が多く使われるようになり、「主体的・対話的で深い学び」が求められるようになった。つまりハイ・テック・ハイのような学びが必要だと明記されたのである。

ハイ・テック・ハイのカリキュラムには、「学校の役割」に対するヒント、そして彼らが目指す「公正」を実現するための秘密があちらこちらにちりばめられている。そして、その「公正」を実現するための鍵となる学びの方法が「プロジェクト型学習」であり、その上位概念となる「探究」である。

本書では、それらの秘密と実現の方法を明らかにしつつ、「どうしたら生まれた家庭の環境や身体的・認知的特性にかかわらず、すべての子どもが自分に価値を感じ、幸せに生きていくことができるのか」ということを共に考えていきたい。

1

なぜ「探究」する学びが求められたのか

昨日の教え方で今日教えれば、子どもの明日を奪う。
ジョン・デューイ（哲学者）

1 視察者の絶えない学校ハイ・テック・ハイ

人生を豊かにする学びとは？

アメリカの教育哲学者、ジョン・デューイの言葉から映画「Most Likely to Succeed」は始まる。それが「昨日の教え方で今日教えれば、子どもの明日を奪う」である。

1997年にIBMが開発したチェス専用のスーパーコンピュータ、ディープブルー（Deep Blue）が世界最強のチェスプレイヤーに勝ってからもう20年以上経った。人工知能は進化し続け、自動車の自動運転、日常的に私たちに関係する画像認識はもちろんのこと、弁護士業務の一部や、医師の画像診断などのプロフェッショナルの業務領域でも、人間の能力を凌駕《りょうが》する技術がどんどん進化している。

私たちが受けてきた教育は、教科別に学年で学ぶことが定められ、授業1単位が40分から50分に区切られ、カリキュラムが教科書で決められている学びである。教室には何十人と詰め込まれ、一方向の講義を一斉に受けるスタイルである。同じ年齢の子が同じペースで学ぶという、昨今少々評判の悪いこの授業スタイルがアメリカで検討されはじめたのは、約130年前の1888年、日本は明治21年だった。

この授業形態は、導入当初は画期的なものだった。一番の特色は、それまで富裕層、一部の知識層に限られていた教育が一挙に大衆化されたことだ。それ以前は、アメリカでも、裕福な家の子は家庭教師によって教育され、ほとんどの子どもたちは本を読む機会さえなかった。大学に進む者も少なかった。

この画一的学びのモデルは、当時プロイセンで行われていた義務教育（プロイセン・モデル）である。それに刺激を受けた教育者たちが、新しい教育を模索しはじめる。アメリカ教育協会は、ハーバード大学学長のチャールズ・エリオットを中心とする教育者で構成された十人委員会を結成し、1893年に「十人委員会報告」が出された。同年には初等教育の検討も始まった。そして1918年には、「中等教育改造審議会報告」を発表した。[*8] それらの報告を踏まえ、すべての者が8年間の初等教育、18歳までの中等教育を受けるべきだとし、英語・数学・化学・物理などの年齢ごとのカリキュラムがつくられていった。その思想は、生まれにかかわらず、すべての子どもにその知的作業に関心や能力があるかどうか見極めるチャンスを与えるというものだった。[*9]

当時、社会は工業化が進み、多くの均質な工場労働者が必要とされていた。授業を従順に受講し、ある一定の知識をもつ人材は、工場では非常に有用だったのである。この義務教育の基本スタイルは、アメリカだけではなく、瞬く間に世界に広がり、アジアでもヨーロッパでも多くの国で似たような形態の学校が標準的なものになった。

問題は、この学びが現代に通用するものなのかどうかということである。本当に子どもたちの人生を豊かにするものなのか、またハイ・テック・ハイの目指す「誰もが、人種や性別や、性的な意識や、身体的、もしくは認知的能力にかかわらず、同じように価値ある人間だと感じることができる」社会を実現できるか、ということである。

世界からも注目される

ハイ・テック・ハイは2000年にスタートしたチャータースクールである。当初

ハイ・テック・ハイ・ノースカウンティキャンパス（小・中・高等学校がある）

高校1校からスタートした同校は地元を中心に評判が高まり、保護者のリクエストに応じるかたちで陣容が大きくなり、2020年春現在、小・中・高等学校16校までに増え、6350名の生徒のいる学校に成長した。[*10] はじめは高校だけだったので、Highという言葉がついているが、今は小学校から一貫した教育を行っている。公立チャータースクールの位置づけなので、入学試験はなく、人種割合や家庭の経済状況が地域の比率に準じたかたちで調整されるように、郵便番号による抽選によって入学者を決めている。同校の入学者のうちの半分近くはEconomically Disadvantagedといって、低所得層の子どもたちである。今は非常に抽選倍率が高く、希望してもなかなか入れない学校になっている。

チャータースクールとは、1990年代から全米に徐々に広がった学校形態である。従来の公立学校の仕組みでは、なかなか改善が期待できない、貧困による低学力をはじめとする様々な教育問題に取り組むため、親や教員、地域団体などが、設立趣意書（チャーター）を作成し、州や学区の認可を受けて設ける初等・中等学校のことである。公費によって運営され、生徒は無償で学校に通うことができる。全米で7000校以上あり、全公立学校の生徒のうち約6%の子どもが通っている。[*11]

チャータースクールは、州や学区の法令・規則の適用が免除され、一般の公立学校とは異なる方針・方法に基づいた柔軟なカリキュラムによる教育も可能な一方で、学

ハイ・テック・ハイ教育大学院による研修の様子（2018年）

力テストの結果を含めた教育的成果はチャーター交付者（親、教員、地域団体など）により定期的に評価され、一定の成果を上げなければ、チャーターを取り消されることとなる。この仕組みを使って、ハイ・テック・ハイは、独自のカリキュラムを発展させてきたのである。

その学びは、全米でも評判となり、先述のように年間約5000人の参観者を受け入れ、付属する教育大学院では、毎年1500名以上に研修を実施している。私もハイ・テック・ハイ教育大学院の研修を受講したが、全米そしてカナダやオーストラリア、中国などからも教員が参加していた。特にアメリカ本国ではスクールリーダーといわれる、教育委員会での管理職や学校の校長・副校長、カリキュラム作成主任、そしてチャータースクールを立ち上げたいという教員も多く参加していた。

ハイ・テック・ハイが求められた理由

映画「Most Likely to Succeed」のエグゼクティブ・ディレクター、テッド・ディンタースミスはもともとテクノロジー業界出身でナショナル・ベンチャーキャピタル協会の理事も務めるトップベンチャーキャピタリストだったが、自分の子どもの教育を見ていて、現代のイノベーションの速さと学校の実態とがあまりにかけ離れていることに疑問をもつようになった。そして自分なりに教育について調べ始めるが、その時にある人からトニー・ワグナー（ハーバード大学テクノロジー起業センター初代フェローであり、ハーバード教育大学院チェンジ・リーダーシップ・グループ創設者、元共同ディレクター）には絶対会うべきだ、と言われる。ワグナーには『未来のイノベーターはどう育つのか』『世界の学力格差』など多くの著書がある。

2012年にはじめてブレックファースト・ミーティングをした2人は意気投合する。そこで合意したのは以下のことだった。[*12]

・イノベーションの急速な発展によって、決まり切ったルーチンの仕事は今後なくなり、何百万人ものアメリカの若い世代が（失業の）危機にさらされるだろう。

・イノベーションが進む21世紀のキャリアに対応するスキル、そして市民としての責任感が必要不可欠にもかかわらず、学校ではないがしろにされてきた。

・この国の教育政策は学校を固定化させ、子どもを傷つけ、教師に幻想を抱かせてきた。

・学歴は過去には意義があったかもしれないが、大学の学費は今、法外に高額で、子どもの心を傷つけるうえ、何ら本質性をもっていない。

・もし私たちがまったく新しい学校というものを考え出さなければ、持てるものと持たざるものの格差は拡大し、市民社会が壊れてしまうだろう。

・私たちは一刻も早く声を上げる必要がある。私たちの考える新しい教育システムによってすべての子どもたちに人生において戦うチャンスを与えるべきだ。

彼らはこの考えのもとで、全米の先進的な学校、新しい学びを実験的に行っている学校を公立・私立問わずに精力的に訪れた。そのなかの一つにハイ・テック・ハイがあったのだ。テッドもトニーもハイ・テック・ハイが上述の課題に網羅的に取り組んでいることに注目した。また、教師によるプロジェクトの協働設計や、非常に高いレベルの教科横断のプロジェクトにも魅了された。特に、トニーは当時設立されたばかりのハイ・テック・ハイ教育大学院を、「イノベーターの創造装置だ」と高く評価した。[*13]

上述したように、2018年に私たちは、経済産業省が進める「未来の教室」事業に、ハイ・テック・ハイの教育大学院で実施されている教育者向け研修を、日本国内の教育事情に合わせたかたちで組み直し、新しい学びを取り入れたいと考える日本の各教育委員会や学校の先生たちに提供するという事業を提案し、採択された。その一環として、同年12月5日から7日までサンディエゴにあるハイ・テック・ハイを、広島県教育委員会、長野県教育委員会、島根県教育委員会、埼玉県戸田市教育委員会の指導主事の先生方や、管轄内の公立小・中学校の校長先生、そして私学も含めた先進的なカリキュラムの実践を進めていらっしゃる先生方と一緒に訪れた。

その時に映画のディレクターのテッド・ディンタースミスに、オンライン上で講演をしてもらったのだが、彼はこんなことを話してくれた。

「僕は、イノベーションの世界にずっといた。半導体ビジネスからスタートし、25年ベンチャーキャピタルに勤めた。社会がこれだけ変わっているのに、学校が変わっていないことに危機感を感じた。なので、実際に学校をたくさん訪問し、課題を鮮明にすることが大事だと思って、まずは映画をつくろうと思ったんだ。映画ではハイ・テック・ハイをメインに撮影することにした。なぜかというと、生徒たちが熱心に学校を楽しんでいることが一目瞭然で、学校の内観がびっくりするほど美しいからだ。

これから視察されるみなさんには、ぜひ子どもたちに話しかけてほしい。彼らはとても説明が上手だ。また先生方も授業中でもフランクに説明してくれるので、興味深い教室があったら見に行ったらいいと思う。ハイ・テック・ハイほど自分たちが何の目的で何をやっているのかを明確に言語化ができる学校はないと思う。それぞれの教室は同じでなくていいということが、ハイ・テック・ハイを見るとすぐ分かる。その自由さを存分に感じ取ってほしい」

ある大企業の要請

ハイ・テック・ハイが設立された経緯は少しユニークだ。地域の教育に課題を抱える教育委員会が要請をしたのでも、情熱のある教育者が立ち上げたのでも、新しい教育を求める地元の保護者が要望したものでもない。

ハイ・テック・ハイのあるアメリカ西海岸の中堅都市、サンディエゴには1985年に設立されたクアルコムという世界的な大企業がある。同社は、携帯電話などで使われる通信用の半導体の設計・開発をしているが、同じカリフォルニア州にあるサンフランシスコやロスアンジェルスから少し離れており、必要とする人材をなかなか獲得できないという問題を抱えていた。そうした時に出たアイディアが、「地元に一つ高校をつくってしまい、エンジニア・技術者・クリエイターを育成してはどうか」という大胆なものだった。その時に白羽の矢が立ったのが、当時東海岸にいて、貧困地域の子どもたちに大工の技術を教えるなど、ものづくりを通じて子どもたちに教育活動をしたり、執筆・講演活動をしていたラリー・ローゼンストックだった。

ラリーは、ハイ・テック・ハイの校長になった経緯を以下のように話す。[*14]

「僕は、弁護士でもあるけど、15年間家具作りをしていた。また、ハーバードで教えたり、高校で仕事をしながら、新しい教育のシステムを学び、デザインするために数

2018年、「未来の教室」事業の一環でハイ・テック・ハイを訪れた際に、ラリー・ローゼンストックが学校設立の経緯を話してくれた。明るい窓の前にいる左側の白いYシャツの人がラリー

多くの高校を視察した。ただ僕は、もともと大工だから個人的にはアーティストとしてであることが自分の基本的なアイデンティティとしてある。

ある時、サンディエゴの会社の社長から、エンジニアが足りなくて困っているという声を聞いた。だったら、ものづくりをテーマとした、エンジニア・技術者・つくり手を輩出するような高校がいいな、と思ったんだ」

ラリーは、手を動かす作業をすると、子どもたちの記憶の定着度がいいことに気づいていた。それに課題に向き合うと、どうしても必要になる数学の知識などが具体的な手ざわりをもって子どもたちに残っていくことも分かっていた。

2 ハイ・テック・ハイの4つのデザイン指針

こうして設立されたハイ・テック・ハイだが、学校のデザインとして4つの重要な指針があるので、ここに紹介する。[*15]

デザイン指針その1．公正であること

ハイ・テック・ハイの筆頭の理念であり、最重要の考え方は、「ハイ・テック・ハイは公正性に向けての〝プロジェクト〟(High Tech High is an equity project)」ということで

ある。ハイ・テック・ハイはここからスタートし、ここに終わる、ともいえる。

重要なのは、〝公正〟という言葉である。本書では、ハイ・テック・ハイで使う〝Equity〟という言葉を「公正」と訳す。厳密には完全に対応する日本語がなく、Equityは、ときどき「平等」「公平」などと訳されることもあるし、逆に日本語で「公正」といったときにFairnessやJusticeという意味合いを含むこともある。非常に分かりにくいが、ここでは「公正（Equity）」を、「社会性と情動の学習（SEL: Social Emotional Learning）」の文脈でよく説明に使用される概念図を用いて説明する。

次頁の図で見ると、平等（Equality）というのはどんな人であっても「同じ」ものを与える、ということ。それに対して、公正（Equity）というのは、人はそれぞれ違うのだから、その違いに応じて、「同じ結果」となるように導く、ということである。

ハイ・テック・ハイでは、入学者選考にあたって、学力テストで評価するのではなく、人種や家庭の経済状況、ジェンダーなど、できるだけ多様なバックグラウンドをもつ子どもを積極的に学校に迎え入れることを入学のポリシーとしている。さらに、多様な考え方や経験をしている子どもが集まり、お互いにチームで学び合うことこそが大きな価値をもつ、と教員全員が信念として共有している。学力別のクラス分けなどはされておらず、[*16]みんな一緒にプロジェクトに携わる（プロジェクトの中身は後述する）。

プロジェクトにおいて、同じ場にいる一人ひとりの人間が、それぞれの個性を自覚

イラスト：寺中有希

し、その能力を発揮し、その場にいていい、と感じられる、社会の基盤になるような学校をみんなでつくっていくのである。

ハイ・テック・ハイの「公正」の定義は先述したが（18頁参照）、その「公正」の中身をプロジェクト型学習を中心に育んでいく。

「公正」の一つの例をここで紹介する。たとえば、家庭環境によって、お金がなかったり、両親に余裕がなかったりで、小さい時に海や山に連れていってもらったことがない、美術館に連れていってもらったことがない、地域の人たちと触れ合ったことがないなど、豊かな経験をしてきていない子がクラスに数多くいることを想定して、単元のはじめの段階で、学校の外に出て、できるだけ多くの経験をして、同じベースでみんながチームとしてプロジェクトを行えるように地ならしをしていくのである。

デザイン指針その2. プロジェクトによる学びと人間的成長

ハイ・テック・ハイの学びは「学び手中心」、つまり生徒が自発的な学びに向かうことを援助し、推進するよう設計されている。そしてインクルーシブといって、発達障害や身体的障害も含めた様々な特性をもった子どもたちもすべて一緒に学べるようになっている。子どもたち一人ひとりにはもともと学びたい意欲、情熱があるのだから、それをプロジェクトを通じてさらに伸ばし、また学んだことをしっかり振り返ることで得たものを定着させていくという考えだ。

ハイ・テック・ハイでの学びを通して、生徒たちは「自分とは何か」という問いに向き合い、コミュニティのなかで人間としての成長を遂げるように促される。プロジェクトでの協働作業や、毎週定期的に集うホームルームのような会を、学年を超えた異年齢のチームで取り組み、生徒は、人を信じる気持ち、思いやる気持ち、相互理解など、非認知といわれている力をつけていく。

デザイン指針その3. 実社会とつながる美しく真正な学びをする

ハイ・テック・ハイを訪れると、誰しもがまず気がつき、こころを奪われるのが校舎の中が美しく、内部は廊下から室内まで生徒たちの作品がびっちりと飾られ、まるで美術館のようになっていることである。

ハイ・テック・ハイの教育プログラムは、公立学校の教師として28年勤め、現在ELエデュケーションのチーフ・アカデミックオフィサーであり、多数の著作のある教育者であるロン・バーガー[*17]から大きな影響を受けている。ハイ・テック・ハイのプロジェクトで生み出される美しい成果物に対するこだわりは、まさに彼の著作『An Ethic of Excellence』[*18]に書かれている。

ロン・バーガーは、まず教室は、「自分のすることを誇りに思い、自身や他人を尊重し、力強く正確で美しい学習活動をする生徒たち」で一杯になってほしいという。そしてそういう子どもたちを「職人＝クラフトマン」と呼んだ。

今の学校は、量をこなすことが求められるドリル問題、大量の暗記が求められるテスト、プレゼン発表と同時にゴミ箱行きになる成果物などで溢れているのが実情である。しかし、一度社会に出ると、当然のことながら、ゴミ箱行きと分かっていて真剣にプロジェクトに取り組む大人はまずいない。

ハイ・テック・ハイでは生徒たちにこころと身体の双方をフルに使って「意味があり」「美しい」学びをするように求める。生徒たちは「自分にとって意味があり」「友達や先生、学校にとって意味があり」「学校の外の世界にとって意味のある」学びをする。

子どもたちは、フィールドワークなどで地域社会とつながり、地元の企業でインターンシップをし、実際の専門家とつながることで現実社会のなかでのオーセンティック（真正）な学びを重ねていく。学校にはそういった「美しい」表現をするための工作や美術、そして展示の場所が設けられ、実施したプロジェクトは学校内にアートとして半永久的に飾られることになる。

こうした「クラフトマン」を目指し、身体を存分に使うプロジェクトをすることも、「公正」につながる。なぜなら、人には特性があり、「言葉」が上手に扱える子どもばかりではない。伝統的な学校は圧倒的に「言語優位」の子どもにとって有利な授業になっており、「読み書きそろばん」ができる子がいい点数をとれるようになっているが、それは社会としてリアルでもないし、フェアでもない。

しかし、こうして「何かをつくる」ことをプロジェクトの中心に据えることによって、作文するよりも手作業のほうに長けている子、人の気持ちを汲《く》み取るのが上手な子など、様々な特性をもつ子どもたちが、お互いを尊重し合い、プロジェクトにおける多様な役割を自ら選択することで、前向きに参画していくことができるようになるのである。

デザイン指針その4．教師も協働し、学習する組織を実現する

ハイ・テック・ハイの教師は、カリキュラムやプロジェクトを設計するにあたって、決して一人で進めない。教員同士でカリキュラムをデザインし、そのデザインにはしばしば生徒たちも関わる。教師は、新しい教師の採用や、教員開発（日本だと授業研究や校内研修がこれにあたる）に積極的に関わる。そうすることによって「公正な教育を実現するにはどうしたらいいのか」「新しい学校文化をつくっていくにはどうしたらよいのか」「どのようにしたら意味のある真正な評価ができるのだろうか」というような終わりなき問いに教師も生徒も一緒に取り組んでいく。

２００６年からハイ・テック・ハイで人文系の教師となり、２０１１年からチュラ

ハイ・テック・ハイの教室や共有スペースのあらゆるところに生徒による絵やインスタレーションが飾られている

ビスタというサンディエゴの南部にある町で新しいキャンパスの創設ディレクターを務めたメリッサ・ダニエルズはこう言う。

「ハイ・テック・ハイの先生たちは、自身の専門ではないスキルやツールを使ったプロジェクトをデザインすることが多々あり、自分も知らないことを扱うため、生徒と学びながら実践している場合が多くあります。リスクを恐れず新しいことに挑戦する姿勢が求められます。よって、学校のリーダーたちの重要な役割は、先生たちがリスクをとれるような支援体制を整えることです。

先生たちは、毎日子どもたちよりも1時間早く来て、先生たち自身が協働しています。リスクを恐れない気持ちをつくるために、励まし合い、チャレンジするときには一緒に考えて、学校外のリソースも積極的に確保しようという姿勢をとり、常に振り返りを行い、内省をする習慣をつけるようにしています」

また、環境科学が専門で高校2年生を担当するジョン・サントスはこう言う。

「深い学びの体験をデザインする教育者にとって、最も重要なのはコラボレーションです。正解を教えてくれる本やカリキュラムはないし、誰かが教えてくれるわけでもありません。教育者が集まって自分たちの取り組みを常に振り返り、うまくいっている点と改善点を集団として評価していくことで、よりよい実践につながります。合議的なプロセスをとることが大切です」

教師には綿密さとおおらかさが必要

ハイ・テック・ハイの創立当初から物理の教師として参画し、全体のスクールディレクター（日本でいう校長職）、チーフ・オペレーティングオフィサー、チーフ・アカデミックオフィサーを歴任したベン・デイリーは、「学校づくりの基本は、教師による教育の設計」であると断言する。ハイ・テック・ハイの教師は、カリキュラムデザインにおいて、自由度を相当に与えられるため、同じ学年の複数のクラスが違うことを学んでいるということもある。一方で教師は保護者や学校マネジメントに対して説明責任を負う。

前述のメリッサ・ダニエルズは、ハイ・テック・ハイの教師の条件として、子どもを好きなこと、子どもたちの個性や成長に対する深い尊敬の念を抱いていることを挙げ、同時に、柔軟であることが求められると言う。プロジェクト型の学びは子どもが自由に動く分だけ、自分のコントロール下に教室や子どもを置きたい人たちにとってはかなり発想の転換を迫られる。「こうあらねばならぬ」から抜け出せないとつらくなる。また、思うように進まないことに心理的に対応しなければならないため、時に応じて同僚や生徒たちに助けを求めるというようなことも必要だ。

一方で、プロジェクト型学習は自由に展開するものと思われがちだが、まったくその逆で、単元の終わりまで生徒の学びを最大限にするために綿密なデザインが必要となる。そうした努力をしたうえで、予定どおりにいかなくても大丈夫という、綿密さとおおらかさの両方のマインドセットが求められるのである。

学校は子どもたちの才能と情熱が出会う場所

イギリスのウォーリック大学の芸術教育分野で12年間教授を務めた教育アドバイザーのケン・ロビンソン卿（2020年8月に逝去）は、人の才能は天然資源と同じで、探さないと見つからないし、表層に転がっているものでもなく、才能が現れる状況をつくり出すことが教育の役割であり、それぞれの個性に合わせた教育が必要だといっている。

そして、次のように今の学校教育のあり方を強く批判する。現在の教育のスタイルは、19世紀の産業界の要請によるものであり、「産業界にとって都合のよい」人材を低コストで生産できるシステムである。もしこうした教科の考え方や学校の目的が、学校の成績だけを〝知性〟とみなしているのであれば、学校は他の眠っているクリエイティビティを潰す場になっている、と。

彼は人生において、自分の「エレメント」を見つけることが何より重要だという。「エレメント」とは、「自分の才能と情熱が出会う場所」を意味し、それは、「自分にとって、それをするのが自然に感じられること」である。しかし、現代社会においては、非常に多くの人が人生の目的をもっておらず、そのことで本人ばかりでなく、何よりも社会がその代償を支払っているという。

エレメント探しは個人的な「探究の旅」であるが、探究には冒険や危険がつきもので、結果も不確実である。また、エレメント探しは、2方向への旅である。「あなたの中にあるものを探る内なる旅」と「外の世界での機会を探す外界での旅」。誰もが2つの世界に住んでいる。人は内なる世界を通してしか、外の世界を知ることはできない。[*19]

ハイ・テック・ハイでの学びは、まさに社会につながる様々なリアルプロジェクトを通じて、子ども一人ひとりが自分の「エレメント」を探す旅に出ることを支援するものである。そして、教師や友達、さらにコミュニティと協働するなかで自分を見出し、価値ある人間として、世界のなかでどうやって自分が生きていくのかを探し出していくのである。

こうした学びを実際に実現するプロジェクト型学習とはどういうものなのか。次章で詳しく説明していく。

2

プロジェクトベースの学びとは何か

自発的な活動は、人間が自我の統一を犠牲にすることなしに、孤独の恐怖を克服する一つの道である。*20

エーリッヒ・フロム（社会心理学者）

1 ハイ・テック・ハイはプロジェクト型学習が中心

プロジェクトベースド？　プロブレムベースド？

ハイ・テック・ハイでの学びの中心はプロジェクトである。プロジェクトをベースとする学び方をプロジェクトベースド・ラーニング（Project Based Learning）の頭文字をとって、ＰＢＬという。実は、ＰＢＬが何を指すのかをよく理解しておかないと、ハイ・テック・ハイのプロジェクト型学習の本質をつかみにくいため、本章ではＰＢＬの理論的背景の説明と一般的な定義を行ったうえで、ハイ・テック・ハイのＰＢＬにどのような特徴があるかを紹介する。

まず、よく聞かれるのがＰＢＬといった場合、プロジェクトベースドなのか、プロブレムベースドなのかということだ。ハイ・テック・ハイでＰＢＬといった場合には、もちろん〝プロジェクトベースド〟となる。ちなみに日本語ではプロジェクトベースドの学びは、「プロジェクト型学習」という名前が付けられ、プロブレムベースドの場合は「課題解決型学習」という名前が付けられていることが多いため、本書でもその表記を使う。

実は、「プロジェクト型学習」も「課題解決型学習」もお互いにそれぞれの要素をもち合っている。つまりプロジェクトのなかにも課題解決の要素が含まれているし、課題解決を実際の世界・社会と重ね合わせて実現しようと思えば、それは必然的にプロジェクトのかたちをとる。よって、「プロジェクト型学習」のほうが正しいとか「課題解決型学習」のほうが正しいという議論は当てはまらないと考えている。

ちなみに、「プロジェクト型学習」にせよ「課題解決型学習」にせよ、世界にたった一つの共通する定義はない。たとえば、アメリカの「プロジェクト型学習」だとPBLWorks（旧Buck Institute for Education）の定義[*21]「生徒が現実世界に主体的に関わること、もしくは個人として意味のあるプロジェクトに取り組むことを支援する教育手法である」が引用されることが多い。

PBLWorksは教師や学校関係者にPBL導入を促し、支援する団体である。2020年春時点で、全米50州、19万人の教師が同団体のトレーニングを何らかのかたちで受講し、5800の学校が実際に同団体のサポートを受けてPBLを導入している。また60の教育区（日本でいう市区町村の教育委員会のイメージに近い）がパートナーシップを結ぶこの領域では全米最大級の団体である。PBLWorksを受講する教師数などのデータに見られるように、アメリカにおいてプロジェクト型学習はその割合や質にはばらつきがあるものの、公立校を含め、実践がはるかに日本より進んでいる。

アメリカはもともと連邦政府として全米で統一の学習スタンダードがつい数年前までなかった。日本でいう学習指導要領[*22]のような、それぞれの教科などの目標や大まかな教育内容を定めるものは州別に設定され、いわゆる学力テストにあたるものも州ごとに実施されていた（州テスト）。しかしオバマ政権時代に州でばらばらの学習スタンダードを全米で統一しよう、という動きが出てきて、2010年にコモン・コア・ステート・スタンダード・イニシアチブという計画によって、幼稚園年長から高校3年生までの学びの標準の統一が図られた。この新しい学習スタンダードのことをコモン・コア[*23]というが、PBLWorksはコモン・コアに準拠したプロジェクトのフォーマットや評価方法を準備し、コンサルテーションも含め、学校側が導入しやすいようにしている。

一方、課題解決型学習の定義としては、1992年から研究し普及に注力をしてきたイリノイ数理アカデミー[*24]（IMSA）の定義「複雑な現実の問題に対する探究とその解決を中心に据えて集中して取り組む、体験的な（身もこころも使った）学び」を紹介しておく[*25]。

「プロジェクト型学習」と「課題解決型学習」はその当てるフォーカスが少し違う、ニュアンスが違うということはある。たとえばプロジェクト型学習のほうは、より「つくる」というイメージが強いし、逆に課題解決型学習のほうは、文字どおり「解決する」ことが中心となる。ただ、そのどちらにも共通する根底の共通概念がある。それが「探究」である。

「探究」の歴史

「探究とは何か」を考える前に、「学びの歴史」について少し考えてみたい。

哲学のなかでも「学び」は一つの大きなテーマである。1762年に出版されたルソーの『エミール』は、人がどのような条件下で学び、成長していくかを研究するにあたって、とりわけ子どもにとってその条件を観察し、研究することが重要だと指摘した近代教育の古典である。この人間性の教育というアイディアは、その後、ドイツの哲学者であり、大学で教育学の講義をもったカントや、スイスの教育実践者ペスタロッチーに影響を与えていく。貧民も国王も同じ「人」であるからこそ、あらゆる人がその人間性を成長させられる一般教育が必要だとして、頭だけでなく手と心を動かし、知識を活用していく新たな教育法を開発したペスタロッチーは日本でも盛んに研究されたが、その影響はフレーベル積み木で有名なフレーベル、ドイツで生まれ、オランダで広まったイエナプランを提唱したペーター・ペーターゼン、イタリアのマリア・モンテッソーリなどに及んだ。

１９００年から３０年までの間に世界的に新教育運動というムーブメントがあり、シュタイナー教育、モンテッソーリ教育もこの期間に生まれ、世界中のあちらこちらで同時多発的に「新しい学びのかたち」が試行された。特に１９２１年に発足した新教育連盟（NEF: New Education Fellowship）は強い組織力をもち、マリア・モンテッソーリやペーター・ペーターゼンのほか、ヘレン・パーカスト（ドルトンプラン提唱者）、セレスタン・フレネ（フレネ教育創始者）など著名な教育者、心理学者のジャン・ピアジェ、詩人のタゴールのような錚々たる顔ぶれが同連盟の開催する国際会議に集まった。[*26] １９

19年にアメリカで、新しい教育のあり方を模索する実験校の教師たちと共に進歩主義教育協会を創設したジョン・デューイも、この会議には講演者として参加している。
一方で「探究」という言葉が教育の文脈で使われ始めたのはアメリカである。その背景には、1870年代に生まれた「プラグマティズム」という思想がある。南北戦争後の新生アメリカにおいては、ヨーロッパに追いつくためにアメリカ独自の科学研究の発展の必要性が意識され、ピューリタン入植当初の神学校の伝統に反するような哲学的・思想的運動があった。この運動の中心にいたのがラルフ・ウォルドー・エマソンという哲学者で、彼の周囲にはウォルト・ホイットマン、ヘンリー・ソローなどの文学者が集まり、「アメリカ・ルネッサンス」とも呼ばれるアメリカ独自の運動を形成していた。[*27] 実は、この運動の知的サークルには、「プラグマティズム」という思想の生みの親であるチャールズ・パースの父親と、同思想の意義を世界に向けて広く発信したウィリアム・ジェイムズの父親が関わっていた。パースの父親はハーバードの高名な数学教授であり、ジェイムズの父親は、スウェーデンボルグ主義の宗教家だった。この父親世代の思想を受け継いだパースとジェイムズは、ハーバード大学の学友として、「形而上学クラブ（メタフィジカル・クラブ）」を結成し、サロンで議論を重ねていたのである。[*28]
パースはわれわれの認識が「真（Truth）」であるということの意味を、探究という知的活動と結びつけ、「真理とは、理想的な探究の無際限な継続の果てに見出されるであろう、最終的な信念の収束点のことである」と定義した。[*29] また、「疑念」が刺激を受けて信念に到達しようとする努力を、必ずしもぴったりとした名称ではないと前置きしつつ、「探究」と名づけた。[*30]

一方で、ジェイムズは、「私たちが抱く観念や信念が真理」であるのは、それが有用であるからであり、私たちがそれを行為において「充足」し、「真理化」することが可能であるからである、という。真理はその意味で、私たちの意思と行為に直接結びついている。信念はそれが言葉のレベルにとどまることなく、現実の世界で私たちの行為として活用されてはじめて「真」だといっているのである。[*31]

パースも「すべての命題の理性的意味は未来のなかに存する」と記しているが、[*32] つまり自分がもつ命題が正しいかどうかはやってみなければ分からない、これがベストだと思っているものはベストではなく、最良のものは必ず未来にあり、命題はテストされ続けなければならない、ということである。

ここに、「探究する学び」のなかにあるアクティブな性質がとてもよく表されている。ジェイムズは「〝信念〟は言葉だけではなく、実際の世界で有用であり、行為となって現れていなければならない」といった。現在の社会にとって大切で価値あるものを、こころと身体の双方（Hands and Minds）をフルに使ってつくり上げるというPB

Lの思想にも、そのまま当てはまる。また、パースの「すべての命題はテストされ続けなければならない」という考え方、また「真理」は常に動的なものであり、私たちはその過程にあるのだから一生探究し続けなければならない、という考え方も、失敗を恐れず、新たな課題を見出しながら、たゆまず探究を続けよ、というPBLの基礎となっている。

デューイ発「プロジェクト型学習」が全米に

パースとジェイムズの思想のよいところを巧みに組み合わせるようなかたちで、プラグマティズムを弾力に富んだ、広い範囲に応用可能な思想へと仕上げたのが、教育学における20世紀最大の思想家ともいわれるジョン・デューイである。デューイは、哲学者として大きな業績を残すとともに、学校教育から社会革命、芸術など非常に幅広い分野に関して活発に発言した。デューイは「子どもの教育は、過去の価値の伝達にはなく、未来の新しい価値の創造にある」と考え、さらに学校の現場こそが、民主主義的改革の思想の成果が一番具体的に得られる場であると考えていた。[*33]

彼は活動家でもあった。1896年、シカゴ大学の哲学科教授だったときに個人宅を借りて、16名の生徒と共に実験校「デューイ・スクール」をスタートさせた。この学校は、シカゴ大学教育学部の学部長であったF・W・パーカーが立ち上げた「パーカー・スクール」と一緒に1903年に、一部シカゴ大学実験校に再編された。子どもの経験と表現を軸とし、自己実現の成長過程が同時に社会的目的の実現過程となる教育の方法を探究した。

デューイの「解釈者」「解説者」とみなされていたウィリアム・ヒアド・キルパトリックが1918年に発表した「プロジェクト・メソッド」は、デューイ理論の簡易な実践化のための方式として評価され、理論の実践への適用に悩んでいた教師たちの救世主となった。こうした新しい教育に挑む実験校に籍を置く教師たちは、1919年に進歩主義教育協会を結成した。このような幾多の実験的な試みが、アメリカの「探究する学び」「プロジェクト型学習」の原型となった。

1930年代に入ると、こうした実験校を通じて開発されたプロジェクト型学習の形態は、全米各地の公立校へと一挙に広まりを見せる。アメリカでは各州の教育行政機関がコース・オブ・スタディ改訂運動（カリキュラム開発運動）を活発に展開した。そこでカリキュラムの基準の改訂が、教育長、指導主事、視学官、学校長、教師だけではなく、教員養成カレッジの教育研究者も交えた専門委員会によってなされていった。その数は1941年には8万5000人と膨大な数になる。各州で、たとえばヴァージニア・プログラム、カリフォルニア・プログラムなど様々なプログラムが立ち上がったが、特に影響の大きかったヴァージニア・プログラムには教師が1万人以上参画したという。[*34]

同じく1930年代には、コロンビア大学の実験校「リンカーン・スクール」が初等・中等カリキュラムの実験を行い、「作業単元」が開発された。「作業単元」では、生徒が現実の生活で直面する問題の解決を中心として、有効な生活経験を積んでいくが、有効な「探究する学び」として、公立学校に広く普及した。

このようにデューイをルーツとする進歩主義の思想は、現在においてもアメリカの学校でその考え方を取り入れていない学校はないのではないかと思えるほどに、教育現場に強い影響を与えている。

無論、その理論がどれだけ真正に学校現場で応用されているかについては、教師によって評価は様々である。通俗化したカリキュラムを嘆く教育者も多い。しかし、大学院時代も含めると、5年間アメリカに在住し、子どもが現地の公立校に通い、自身も教職課程を受講した者として、「探究する学び」「プロジェクトを通じての学び」の重要性は、日本よりもアメリカのほうが圧倒的に認知されている、というのが筆者の実感である。

プラグマティストたちにとって、「真理」は頭のなかで終始したり、客観的に観察されたりするものではなく、「行為」し、「失敗」し、世界（社会）に自ら積極的に介入していくなかで、永遠に新しく発見し続けるものだった。そして、その過程こそが

「探究」となる。まさにPBLにも、その息遣いが感じられる。

2　探究は「不安定な状態」から始まる

PBLのベースとなる学びの概念

PBLのベースとなる「探究」の歴史を少し概観したところで、改めてここで「探究」について詳しく見ていきたい。

私たちが「教師としてのあり方」を考えた場合、日々の「態度」や「行為」は外に見えるものである一方、実はそれらの背景には「学ぶ」ということに関する一人ひとりの考え方や信念が隠れている。左の表は、アメリカの教職課程の現場で使われているものだが、たとえば自分の考え方に近いものはどれかと考えながら、少し眺めていただきたい。この表はアメリカで私が教職課程を取ったときに、教科書に載っていたものである。

一番左の永続主義は、教育の究極の目標は、「人間的合理性の追求」、つまり人間を合理的な人格へと成長させることだと考え、知識を「永続的なもの」、普遍的なものであるとする。よって、最高の教育とは、自由や正義などを論じている人文学の最高

「学び」に関する5つの考え方

	永続主義 Perennialism	本質主義 Essentialism	進歩主義 Progressivism	実存主義 Existentialism	社会改造主義 Social Reconstructionism
「教える」「学ぶ」についての考え	伝達	伝達	構成	構成	構成
「生徒」についての考え	否定的見解	否定的見解	肯定的見解	自分の生を生きる	チェンジメーカー
「知識」についての考え	知識は永続的なもの	知識は将来のための準備	自ら意味合いを見出すもの	個人の人生を豊かにするもの	社会的変革を促すもの
「知ることの価値」についての考え	人間的合理性の追求	将来への準備	人生を彩る経験	自分を知り意味のある人生を送ること	社会変革

Theodore Brameld, *Becoming A Teacher (10th Edition)*, Forest W. Parkayから筆者作成

の著作に出会わせること（「伝達」）であるとする。伝統的な高等教育のイメージに近い。

左から2番目の本質主義は、アメリカの教育思想の一つの派で、伝統的な概念、理想、技能などの文化遺産は社会にとって重要であり、それらの必修教材はすべての児童に、秩序立て、教え込まれるべきだとする。人は伝達され、教えられなければ学ばないと考え、知識は将来に備えるものだとし、たとえば工場労働者の需要が増えてきたら、それに対応していく。子どもたちは一斉に同じカリキュラムを学ぶ。

しかし、表の真ん中の進歩主義から、大きく教育観が転換する。まず「学ぶ」とは「何か正しいものを誰かから教えてもらう」のではなく、「自ら経験し、失敗しながら自らの意味合いを構成していく」というプロセスになる。学びのベクトルがまったく逆向きになるわけである。

なお、表の右から2番目の「実存主義」になると自らのことをよく知り、意味のある人生を送ることが教育の目的となる。実存主義といえば、セーレン・キルケゴールやジャン＝ポール・サルトルなどの名前を知っている方も多いだろう。一番右の「社会改造主義」はそれがさらに進み、教育は社会変革を起こすものとなっていく。ブラジルでの識字教育で実績を上げ、社会的被抑圧者と共に対話を行うことによって社会変革を推進することを提唱した『被抑圧者の教育学』のパウロ・フレイレ、そして進歩主義の活動から始まり、晩年に向けて学校と教育に社会改造の役割を見出していった後期のジョン・デューイ、貧困やホームレスなどの問題を教育によって解決しようとしたジョージ・カウンツらがこの考え方の代表者である。ハイ・テック・ハイは、「公正」を軸に社会変革を促す機能を学校内にもたせようとする意味で、「社会改造主義」に近い信念をもつ学校と筆者は考える。

大きく分けて、表の右側3列を「探究する学び」に近いものだと本書では便宜的に分類する。特に「教える」「学ぶ」に関して、左側の2つの主義は、伝達的価値観(Transmission View)、右側3つが構成的価値観(Constructive View)をもっているが、そこが大きな分かれ目となる。伝達的価値観と構成的価値観の違いは、以下のように考えられる。

伝達的価値観(Transmission View)

・まず知識を与え、学びをガイドし、知識・スキルを発展できるようにしていく。
・子どもの行動を変化させることに重点を置く。〝学び〟は「刺激」とその刺激に対する「反応」から生まれる。外部的な働きかけによって〝学び〟が起きるという考え方をする。

構成的価値観(Constructive View)

・自ら学ぶ子は、興味、過去の経験、現在の理解度を土台にして、自ら学びを構成していく。
・生徒の経験と認知にフォーカスする。学びは、個人的な経験がその子の考えや行動に変化を及ぼすときに発生する、と考える。
・学びとは、外発的ではなく内発的に起こるものであると考える。

構成的価値観は、スイスの心理学者で自己中心性など子どもの思考の特質を研究し、次いで乳児期からの知能や思考の発達過程を分析したジャン・ピアジェらの知識観、ソヴィエトの発達心理学者ヴィゴツキーの「発達の最近接領域」理論[*35]などと相性がよく、現在の認知心理学などの分野に発展していく。また、アメリカの認知心理学者ブルーナーは、ヴィゴツキーの理論を基に「足場かけ（Scaffolding）」というアイディアへと発展させ、子どもが課題にとりかかるときに教師や年長者が必要に応じて助言や援助などの支援をすることの重要性について言及し、アメリカでは有効な指導法として一般化されている。

ＰＢＬでは数名のチームで推進することが一般的に推奨されるが、それはまさにヴィゴツキーの「発達の最近接領域」の考え方を取り入れている。一人だけで考え込むよりも、周りの友達や地域の人たち、あるいは教師と一緒に協力して何かをすることにより、より多くの学びがあり、さらに深く、さらに遠くに行くことができるかもしれない、という実感をプロジェクトの過程のなかで育むためのものでもある。

教育に対する5つの考え方

このように整理される「探究する学び」だが、ここで念のためPBLと探究する学びの関係を整理しておく。つまり、今まで説明したように、「学び」全体のサブセットとして、「探究」があり、「探究」のサブセットとして、「PBL」があるということになる。

こうして、自分が教育に対してどんな考え方をもっているのかを書き出し、さらに他の教育者や保護者などと、それについて話し合うことは、とても大事なことで、実践的にも有効である。ただし忘れてはならないのは、探究する学び、構成的な価値観が正しく、伝達的価値観が間違っているという風に断定しないことである。まず、誰しも構成的な価値観と伝達的な価値観は入り混じっていることが実際には多いし、プロジェクト型学習の過程であっても、古典をしっかり読み込むというような永続主義的な学びの要素が入り込んでくることがある。その逆も然《しか》りである。

人は一つの主義だけで生きているわけではなく、その時その時で違った考え方を使い分けているものである。大事なのは、自分にどのような考え方があり、今どの考え

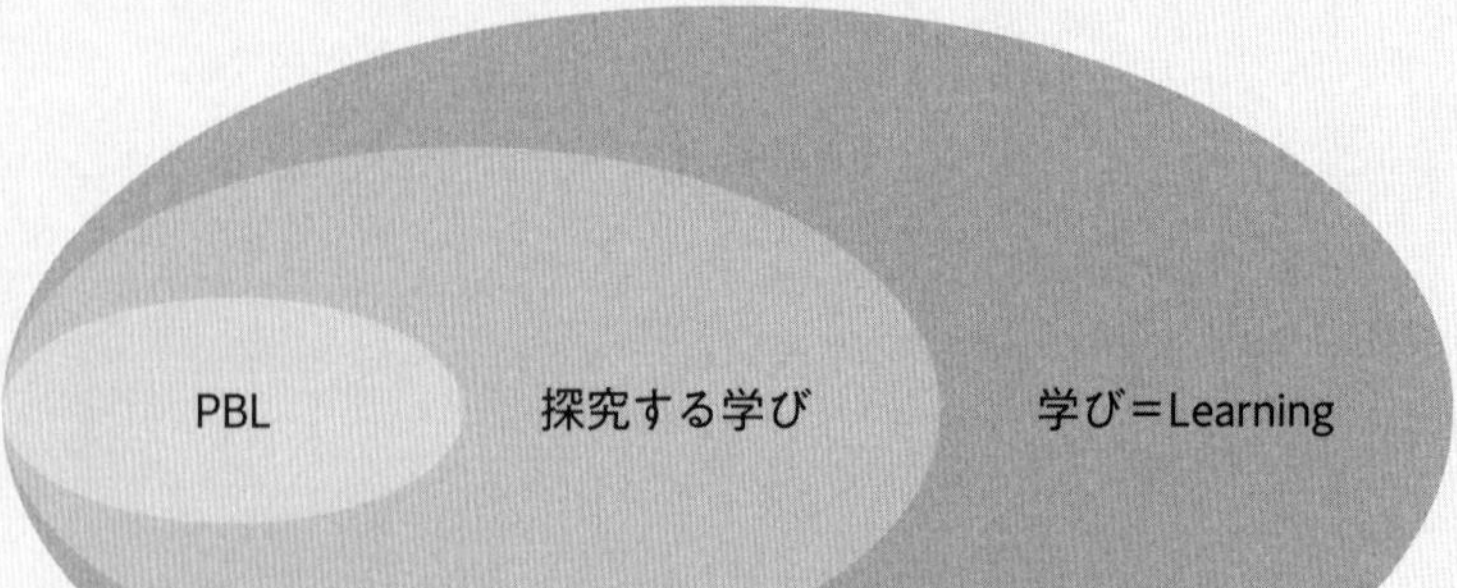
PBL
探究する学び
学び＝Learning

方を使っているのか、また自分と違う考え方をする人がいたとしても、それぞれに信念があると考え、その考え方を尊重してコミュニケーションをとることである。

あとで生きない知識

ところで、みなさんにここで一つ質問を投げかけたい。たとえば、小学校6年生の理科の単元で、「ものの燃え方」というのがある。空気中で燃えている木や紙を缶の中に入れて蓋をするとどうなるかを確認したり、二酸化マンガンに薄い過酸化水素水を混ぜて酸素を発生させ、ものの燃える様子を見る実験がある。経験した方も多いだろう。これは「探究する学び」といってよいであろうか。

デューイは『論理学』のなかで、「探究」を「不確定な状況を、確定した状況に、すなわちもとの状況の諸要素を一つの統一された全体に変えてしまうほど、状況を構成している区別や関係が確定した状況に、コントロールされ方向付けられた仕方で転化させることである」と定義する。[*36] つまり、デューイの探究の基本構造は次頁の図のように「不確定的状況」から「確定的状況」に移行し、そのサイクルを回転させることとなる。となると、デューイにいわせると、上記の実験は残念ながら「探究ではない」となる。

なぜなら、上述の実験の場合、二酸化マンガンに過酸化水素水を混ぜた結果を教科

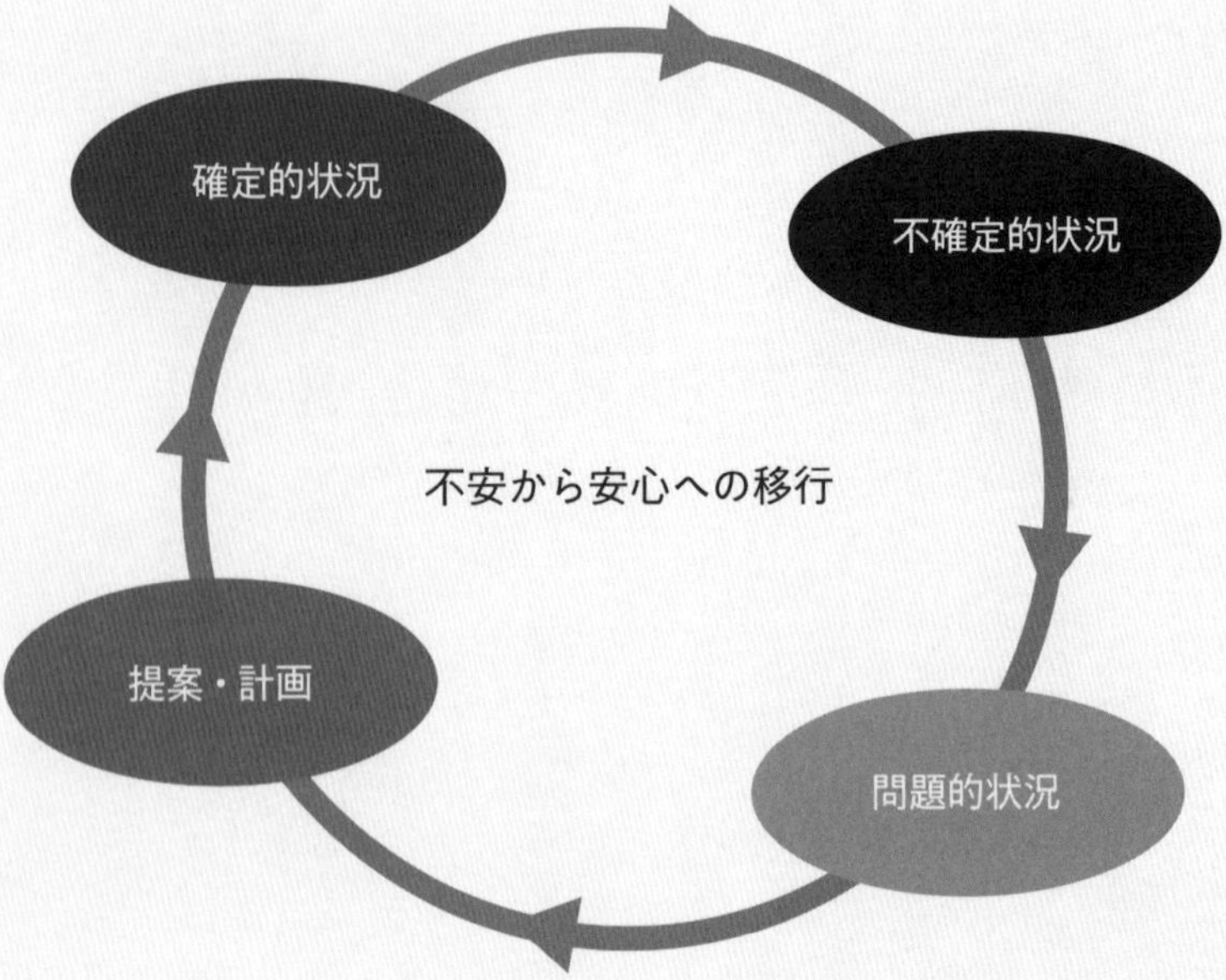

ジョン・デューイ『論理学——探究の理論』より。「こたえのない学校」作図

書で見て、手順などをすべて知らされた状態で実験を進めるのであれば、それは「不確定な状況」ではなく、「確定的な状況」からスタートしたことになる。それは「探究」ではない。一見、探究のサイクルを回しているように見えるが、「探究」ではなく「確認」である。今の日本の多くの実験室ではそうなっていないだろうか。結果にワクワクしたり、不安に感じたりしながら手探りで進めるのではなく、正しい結果を正しいプロセスでもたらすことに終始する実験だ。

もし探究のプロセスを本来の意味でしっかり踏もうと思ったら、実験の安全を確保しながら、混合する試料を替えてみたり、いろいろな試みをして、実験結果を比較評価することになるだろう。そうなると授業1時間では当然終わらない。まさに数週間のプロジェクトとなってくる。言葉で「探究する学び」というのは簡単だが、実際には、時間のとてもかかるものである。しかし、こうして身につけたものは、知識だけではなく、「実験のプロセス」という経験であったり、違う角度で試してみる「思考方法」だったりする。テストが終わったら一瞬にして忘れ去られるのではなく、一生の財産になっていくのである。

映画「Most Likely to Succeed」でも触れられているが、ローレンスビル・アカデミーの研究によると、高校生を対象とした「知識教授型の授業」の終了後に該当の科学テストを行い、さらにその3カ月後にもう一度同じテストを実施したところ、平均成績はB＋からFに落ち、誰もその実験に用いた概念を活用することができなかったという。認知科学の領域ではこうした知識のことを不活性知識（Inert Knowledge）と呼ぶ。

ロン・バーガーはこう指摘する。

「教育者として私たちはしばしば視野が狭くなり、何がその生徒の大事な思い出となり、何が本当にその生徒を変容させるのかということを見失ってしまう。しばしば様々なことを教え込まなければならないときに、すべてのことを教えようとすると時間がなくなるというトレードオフが発生するが、それを認識したうえで、教師は生徒が本当の意味で成長に向かって取り組むことに時間を割かなければならない」

さらに慶応義塾大学教授で認知科学を研究する今井むつみ氏も、学びの目的は、「生きた」知識を生むこと、と定義する。[*37]「生きた」知識は、問題解決に使え、構成・再編されることで、よりよいものになり、必要な時にいつでも取り出せるものである。

3　最高のアウトプットをデザインする

今までの説明でお分かりのように、ハイ・テック・ハイのＰＢＬだけが世界で唯一のＰＢＬではない。実際のところ、学校の数だけ独自のＰＢＬがあるという認識でよいかと思う。ハイ・テック・ハイはＰＢＬを以下のように定義している。

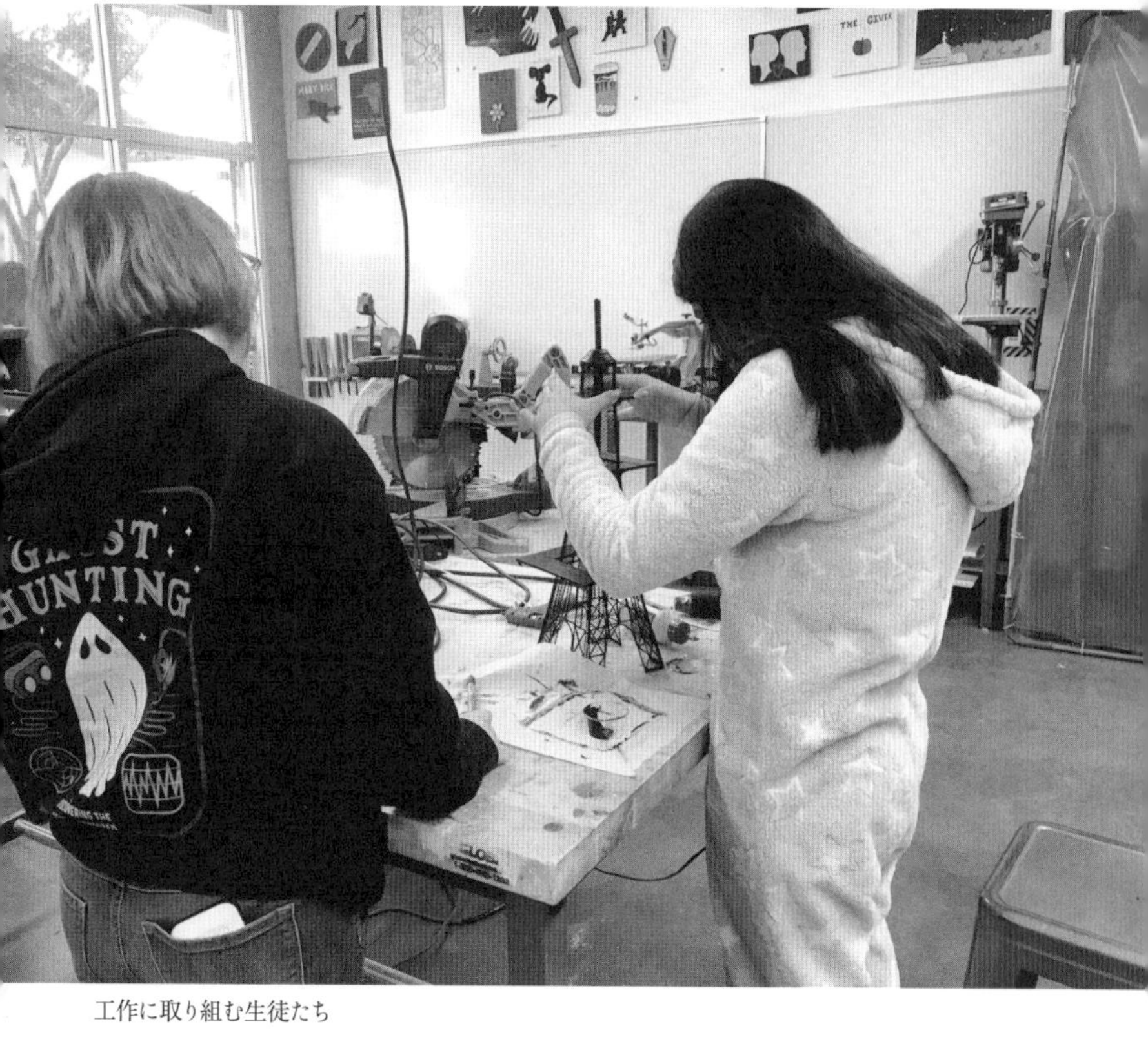

工作に取り組む生徒たち

「生徒たちが発表成果物・制作物・出版物を作って一般公開するまでの一連のプロジェクトを、デザイン・計画・実行することで得る学び」

ここで特徴的なのは、中心に据えられているのが、「発表成果物」「制作物」「出版物」をつくって一般公開する、という行為である。そして、思想的には、やはりロン・バーガーの「エクセレンスの倫理を養う」、つまり最高のアウトプット、美しい展示に向けて最大限の努力をする、という倫理観をプロジェクトを通じて養うことにあると私は理解している。ハイ・テック・ハイには大工職人の息遣いを常に感じる。

ところで、デューイは晩年になるにつれて、公道、図書館など多様な人たちが集い、議論をたたかわせるコミュニティの実現を求め、よき市民を発達させ、育成するための装置として公教育にその可能性を見出していった。「公共的行為のエージェンシー」という機能を担う、民主主義と公共性に立脚した学校システムの創発に精力を注いだ。つまり、当初「デューイ実験学校」をつくったときのような子ども中心主義の進歩主義教育から、社会を改造する原理へとだんだんとシフトしていったのである。

また、芸術の経験が教育に影響を与えるという側面に視線を向け、1920年あたりから美術研究者だったアルバート・バーンズと連携し、芸術教育を民主主義によって前進させることに情熱を傾けるようになる。フィラデルフィアの公立学校改革や、コロンビア大学、フィラデルフィア大学での芸術教育に関わり、晩年になるにしたがって、よりよい社会をつくり上げるための教育、そしてそのコミュニケーションの手段としての「芸術」に傾倒していく。[*38]「美的感覚」を重要視し、ものづくりを通して何かを協働でつくり上げていくことで、幸せな社会の構成員を育もう、というハイ・テック・ハイの学校のあり方は、まさにこうしたデューイの思想に忠実で、その考えを現場で継承している。

美的感覚とハンズオン

では、どうしたら子どもたちが美しく、エクセレントな作品を作る職人になるように教師は支援できるのか。教師が行う5つの習慣について、ロン・バーガーは以下のように述べている。

意義のある学習活動を割り当てる

生徒には挑戦が求められ、刺激を受ける課題が必要。実際のコミュニティのなかで生きているリアルな課題などは意義のある学習活動になる可能性がある。

エクセレンスの事例を研究する

プロジェクトを開始する前に「エクセレンス」が何かを定義するために、そのモデルとなる作品を探すことが必要。過去の生徒の作品、専門家によるものなど、よい事例を探す。そのうえで、そのエクセレンスを達成するプロセスを要素分解し、プロジェクトに反映させる。

批評の文化を構築する

生徒の学習活動を向上させるために欠かせないのが「批評（Critique）」の文化である（あとで詳述する）。作品を仕上げる過程で、グループでお互いの作品の批評をすることによって、作品のエクセレンスが向上する。その時、子どもたちは、「Kind（親切に）」「Specific（具体的に）」「Helpful（助けになる）」批評ができるように学んでいく。

複数回の見直しを要求する

ほとんどの学校では、生徒は最初のドラフトをそのまま最終成果物として出してしまうが、それは彼らの最善の努力を表すものではない。エクセレンスの倫理に則ったプロジェクトでは、見直しと修正（Revision）のプロセスが必須である。

公のプレゼンテーションの場を提供する

ロン・バーガーの『Leaders of Their Own Learning』では、オーディエンスのヒエラルキーが紹介されているが（90頁参照）、子どもの学びに対するモチベーションは、発表対象が身近な人たちからだんだんに専門家、世界（社会）へとレベルアップするにしたがって上がっていくとされている。一番モチベーションが上がらないのが、現状の多くの学校で求められている「教師のための提出物」である。その次が、保護者、学校内での発表であるが、高学年になるにしたがって、学校外での発表、専門家への発表、世界（社会）に対する発表と、プレゼンテーションの場としてのレベルが上がっていく。

こうした一連の努力に、ラリー校長も言及するように、エクセレンスの倫理を育むプロセス、つまり「観察（Observation）」→「考察（Reflection）」→「記録（Documentation）」→「発表（Exhibition）」が当てはめられていく。そして、ハイ・テック・ハイのプロジェクトには、常に「美的感覚」「ものづくり」「協働」「よりよき市民の育成と民主主義の実現」が織り込まれている。

次章では、具体的にハイ・テック・ハイでどのようなプロジェクトが実践されているかを見ていく。

3

プロジェクト型学習が子どもの生きる力を伸ばす

どんな作品にしろ、始めから出来上がったものでも、現にあるような作品でもなく、
まず最初に生成であり、生成しつつある作品である。[*39]

パウル・クレー（画家）

1 プロジェクトは「発表」の場面から逆算する

熱心に説明してくれる子どもたち

2018年末にハイ・テック・ハイを訪れたときに、小学校の発表会（Exhibition）を

発表会で作成したゲームで遊ぶ子どもたち

見学する機会に恵まれた。

発表会は仕事が終わってから保護者が立ち寄れるように、夕方から始まり、学校は人で溢れかえっていた。子どもたちは夢中になって自分たちの取り組んだプロジェクトについて説明をする。低学年は「ゲームの町」というテーマでプランを作成し、設計図を描き、実際に遊べるゲームを作っていた。テーブルサッカーゲームを作っているチームもあれば、滑り台のような大きなものを作るチームもある。展示には、はじめのプラニングから試作品（プロトタイプ）、企画に関して書いた文章、実際に参考にしたゲームのことなどがポートフォリオという冊子としてまとめられている。

近くに寄ると、人懐っこそうにまとわりついて説明が止まらない子、引っ込み思案で声をかけると静かに話し始める子、それこそ様々だ。しかし、どの子も自分がなぜこのゲームを作ったのか、どこに工夫を重ね、どこがよいところで、どこに欠点があるのかを明快に説明できる。

小学校の高学年では、「ディフェンシブルスペースのための植物」というテーマで、ある空間をもつことで防犯や防災が可能になる都市計画上の概念を学んでいた。たとえば、植物の適切な配置と植栽で火災の広がりを防ぐという目的で、次頁の写真のチームは模型を作り、その土地の50％に芝生を植え、池を設置し、消防車の駐車場所、火災の時の避難出口の確保まで配慮していた。景観と環境も考え、蜂や蝶が来られる

防災公園の計画（ディフェンシブルスペース）を説明する生徒

ようなセージやラベンダー、ライラックのような植物と、鳥や小動物の訪れも予想し、小さな実をつけるトヨンの木、レモネードベリーなどを購入することも構想した。こうした植物の予算は500ドルと設定され、プロジェクトを進めるにあたり生徒たちはお金のことも考慮に入れなければならない。

ポートフォリオには、様々な植物の写真が貼られ、それぞれの特徴が書き込まれ、植物の選定に多くの話し合いがなされたことが見て取れる。こうして、防災や都市計画を学ぶ「社会」の授業、公園や池、植栽エリア、道路、消防車の駐車スペースなどの採寸をする「算数」の授業、植物図鑑で植栽を調べ、町の花屋に買いに行くプランを立てる「生物」「生活」の授業を、教科横断で学んでいくのである。

中学、高校へと進むほどに、その成果物と展示のクオリティはどんどん上がっていく。イメージとしては、日本の中学、高校などの部活動における演劇やダンスの発表、もしくはトーナメントの試合のイメージに近い。最高のアウトプットをするために、何度も何度も練習し、夢中になって改善を重ねていく。

発表会は交流の場

プロジェクトの最終成果は様々なかたちとなって発表される。映画をつくってもいいし、演劇に仕立ててもいい。地域に貢献する活動でもいいし、ロボットや木工その他の製作物、あるいは出版物でもいい。たとえば、映画を上映する場合には、上映会の場所に関連するデータや写真などを掲示するボードを貼ったり、映像制作に使った機器を展示したりしても構わない。また、上映会に来てくれた人たちに対しては、質問を受け付けたり、映像機器のデモンストレーションを行う、というようなことも可能である。

生徒たちは、制作の過程や背後にある思想について説明する義務を負っている。たとえば、ロボットのデモを見せながら、背後にある技術や科学、そして社会に向けての考え方や倫理をはっきり示すことが求められる。会場に来てくれた人との双方向のディスカッションの機会が設けられ、なぜそのロボットを制作し、どんな苦労があったかを伝えることができるのだ。

教師はこれらの活動にどのように関わっているのだろうか。ハイ・テック・ハイでは以下のようなガイドラインを示している。

・クラスのすべての生徒がその多様さを生かし、深く学びに関わっているか確認する。
・生徒が選択肢をもち、主体的に発表会に関わっているかを確認する。
・生徒に十分な練習の機会と自由を与える。

・生徒が高品質な発表をできるようにガイドする。
・プロジェクトのポイントごとに適切な振り返りの場を設定する。
・地域コミュニティや家族と適切に連携し、プロジェクトの重要性を内外に確認する。
・発表会に来てくれた人に意味のあるプレゼンテーションになるように生徒を支援する。

このガイドを見ても分かるように、奇をてらったことは何もない。クラスの全員が前向きに参加できているかどうか、集中できているかを確認しつつ、質を高めるための振り返りの時間を設定し、うまくいかないチームがあれば、自由度を確保しつつサポートをしていくのだ。生徒が学びの成果を発表し、人に伝えるプロセスを支援することは、学びを有意義なものとし、真正なものにするために必要不可欠な教師の役割である。

この生徒の取り組みは、テストやレポートのようにただ先生に見せるためのものではない。家族や地域社会、専門家、そして仲間たちに共有されることで、意義のあるものになり、生徒の内省を促すものになっていく。こうした公的な発表の機会があることが、生徒同士でアイディアを共有し、話し合い、よりよいアウトプットに向けて全身全霊で取り組むクラス文化を醸成することになる。

なお、「学びの共有」と「振り返り」は、発表会だけではなく、Student-led-conferenceという、日本でいう三者面談の場でも行われる。それはよく学期の中間地点で開かれるものだが、その際に生徒は、「自分は何を学び」「何に課題を感じていて」「何が得意だと感じていて」「期末に向けてどうしていきたいか」を先生や保護者にプレゼンテーションする。また、Presentation of Learning（POL）という期末に行われる発表会では、今学期、もしくは年間を通じて自分が何を学んだのかということを10～15分程度、保護者にも来てもらい、一人ずつクラスのなかで発表する。

こうして、生徒たちは、一つのプロジェクトを通じて何を学んだのか、その学びは自分にとってどんな意味のあるものだったのかを振り返り、自分のものとしていくのである。

2つの意欲的プロジェクト

映画「Most Likely to Succeed」で紹介されていたのは、9年生（中学3年生）のプロジェクトで、一つのテーマは「文明」。歴史のなかで様々な文明が興り、滅びていく——それはなぜか、ということをローマやマヤなどの古代文明を実際にチームで調べ、自分たちなりの理論を打ち立て、歯車を使ったアート作品として表現する、というものだった。

ハイ・テック・ハイでは1クラス約50名を、人文と理科・数学の対照的なバックグラウンドをもつ2人の先生が担当し、一緒に教科横断のプロジェクトを設計する。文明の興亡史を担当するのは人文が専門のマイク先生、そして作品はレーザーカッターなどを使った歯車を使用するようになるため、エンジニアリングと物理が専門のスコット先生が担当した。工作するうえで必要となる「トルク」や「角速度」などについても同時に学んでいく。

同学年でもう一つのクラスのテーマは「トーガナイト」。トーガナイトとは、ベッドのシーツを古代ギリシアのトーガ風に身体に巻きつけた格好で集う仮装パーティのことである（この映画では、仮想劇ぐらいの意味合いで使っている）。古代アテナイの三大悲劇詩人の一人、エウリピデスの『トロイアの女』を翻案し、舞台を現代のパキスタンに置き換えた。『トロイアの女』では、トロイア戦争終結直後、陥落したトロイアの女たちが、ギリシア兵士側に妾・奴隷として分配されていく様が描かれているが、生徒たちはこの古典を基に、パキスタンのマララさん襲撃事件をテーマに劇を考え、脚本・演出・舞台制作、演技までチームで取り組んだ。対話形式で議論を深める「ソクラテスセミナー」を重ね、人権、外交、リーダーシップ、民主主義など、現在の問題を劇に織り込んでいった。

毎年新しいプロジェクトを始動

２０１８年の12月にハイ・テック・ハイの生徒たちにインタビューをしたときに、教えてもらったプロジェクトの様子は以下のようなものだった。

「僕が一番好きだったプロジェクトは、『バーサス・プロジェクト』といって、相反するものを常に同時に見ていくもの。貧富など、サンディエゴ市内の様々な二面性についてフィールドワークしたよ。僕が選んだテーマは、ファストフード店対スーパーで、地域によってどちらのほうが多いのか、その地域の所得層や多様性とどう関わりがあるのかを調べたんだ」（ジェイデン君）

「中学2年生の時にやった『波及効果』のプロジェクトが一番面白かった。私の役割は地域のレストランを『海に優しい店』に認定すること。海やくじら、プラスチック、pH数値について学ぶだけじゃなくて、実際に地域にインパクトを起こし、世界をよりよくするために何をすればいいかを考えた」（ブリアナさん）

また、２０１９年に行ったハイ・テック・ハイの日本での研修で通訳を務めてくれた塚越《つかごし》悦子さんは、同年秋学期より3人のお子さんのうちの2人がハイ・テック・ハイのキャンパスに通い始めたが、プロジェクトの様子を次のように伝えてくれた。

小学校2年生の息子は10月頃から写真のプロジェクトが始まりました。期間は2カ月ほどでしょうか。まず、バルボアパークに行って、いろいろなアングルから、友達の顔を含め様々な対象の写真を撮りました。発表会に訪れた時、息子の友達の写真を見て、「こんな表情をするんだ!」と感動しました。それぞれの写真には、「私たちは美しいものと共存している (We Belong to Something Beautiful)」という言葉が添えられており、それがプロジェクトの学びの目的だったようです。こうした活動を通じて「美しいってどういうこと?」「何を見て美しく感じるか?」などを考えていくハイ・テック・ハイの学びに共感しています。

中1の息子の最初のプロジェクトはボルダリングの壁をつくるもの。壁はプロジェクトの最終プロダクトですが、単にボルダリングを作製するだけではなく、テーマは「課題をつくろう (Building a Problem)」となっており、ボルダリングづくりを通じて、物語を作成しました。ボルダリング自体、人生のメタファーとして使われますが、ホールド部分は「プロブレム」ともいうそうで、率先して問題を発見し、解決していくことについて考えていったようです。また、「ボルダリングはどういう人がやるのか。お金を持っている人だけのものなのか」というような社会課題についてソクラテスセミナーという対話型授業で話し合ったり、プロジェクトのはじめに実際に自分たちでボルダリングをやってみて、ホールドのかたちを観察して、まず模型でプロトタイプをつくり、ホールドも自分の好きなかたちをデザインして作製しました。人文と理科・数学の先生、そしてメーカー・ラボのような電動ドリルから3Dプリンターなど様々なものがある工作室があって、そこで製作を担当する先生が一緒に授業設計をします。「物語」部分は人文の先生が、「ボルダリングの設計」部分は理科・数学の先生が担当し、そこにメーカー・ラボの先生が支援するという理解です。

小2の息子は学校に馴染むのに少し時間がかかりましたが、中1の息子のほうは初日から楽しくてしょうがないようです。親から見ても、非常によい経験をしていると感じています。

プロジェクトにおける9つの要素

こうしたハイ・テック・ハイのPBLはどのように設計されるのか。ここでの設計方法は、ハイ・テック・ハイが作成した「Hands and Minds」もしくは、「Work That Matters」という教員用のマニュアルを参照しつつ、ハイ・テック・ハイ教育大学院で実施されている研修の内容を中心に伝えていく。

まずハイ・テック・ハイには以下の9つのPBLの要素[*40]がある。これらの中身を詰めていくかたちでプロジェクトを計画する。

1．プロジェクトの開始

プロジェクトのスタートは、多様なバックグラウンドをもつ学習者のための魅力的で積極的な体験である必要がある。様々なスタートの仕方があり、複眼的かつ多様で、革新的な思考を促進するものであるべきである。

2．本質的な問い

学ぶべき知識、学校の生活、学校以外の世界について、解答が一つではないオープンエンドの質問を提示する。生徒に分かりやすい言葉で表現され、多様な思考やさらなる疑問を促す。

3．アイディア出し

生徒と教師は協力して重要なアイディアを生成・共有する。将来のインスピレーションにつながる創造性、計画、概念、提案、質問などを掲示する。

4．批評

生徒と教師は定期的に途中経過のプロジェクト作品を分析し、批評を行う。プロジェクトの重要な学習目標をあらためて特定し、効果のあるものになっているか、意味のあるものになっているかを確認する。

5．学習スキル・知識・学習態度

生徒と教師は協働して基礎学習スキルと知識を理解し、応用する。生徒は複雑な問いをどのように立て、解いていくかを学び、スキルや知識をダイナミックな文脈で応用し、学業におけるマインドセットを確立する。

6．プロトタイプと修正

生徒と教師は、批評や目指すべきモデルまたは指導などを利用して、作品の複数のプロトタイプを繰り返し作製し、ますます意味深く、美しい作品の創造に向かっていく。

7．発表会

生徒の作品を「現実の世界」に持ち込み、重要なコミュニティのメンバーと作品をシェアし、その作品を他人に奉仕する立場に置くことによって、プロジェクトの意味合いをさらに確実に深くしていく。

8. 評価

プロジェクトを複数の形式で評価する。その評価は情報として示唆に富んだものであり、内省的であり、協働的であるべきである。

9. 振り返り

生徒と教師は自らの作品を評価し、思慮深く慎重な実践を促すような質問をする。

これらのPBLの9要素を検討し、プロジェクトの計画を行うのは、その教室に関わる複数の教師、具体的には2名の担任（一人は人文、一人は理科・数学が専門）と専科（アート、テクノロジーなど）の1名の計3名が基本単位となり、プロジェクトのベースプランを立てる。*41

現在、ハイ・テック・ハイの先生は400名以上いて、それぞれが毎年新しいプロジェクトを考える。プロジェクトは教師が一人で考えるものでもなければ、どこかにフォーマットやカリキュラムがあって、それを実施するのでもない。

それはブレインストーミングからスタートするが、その時にハイ・テック・ハイの

プロジェクト・ディスカッションパターン

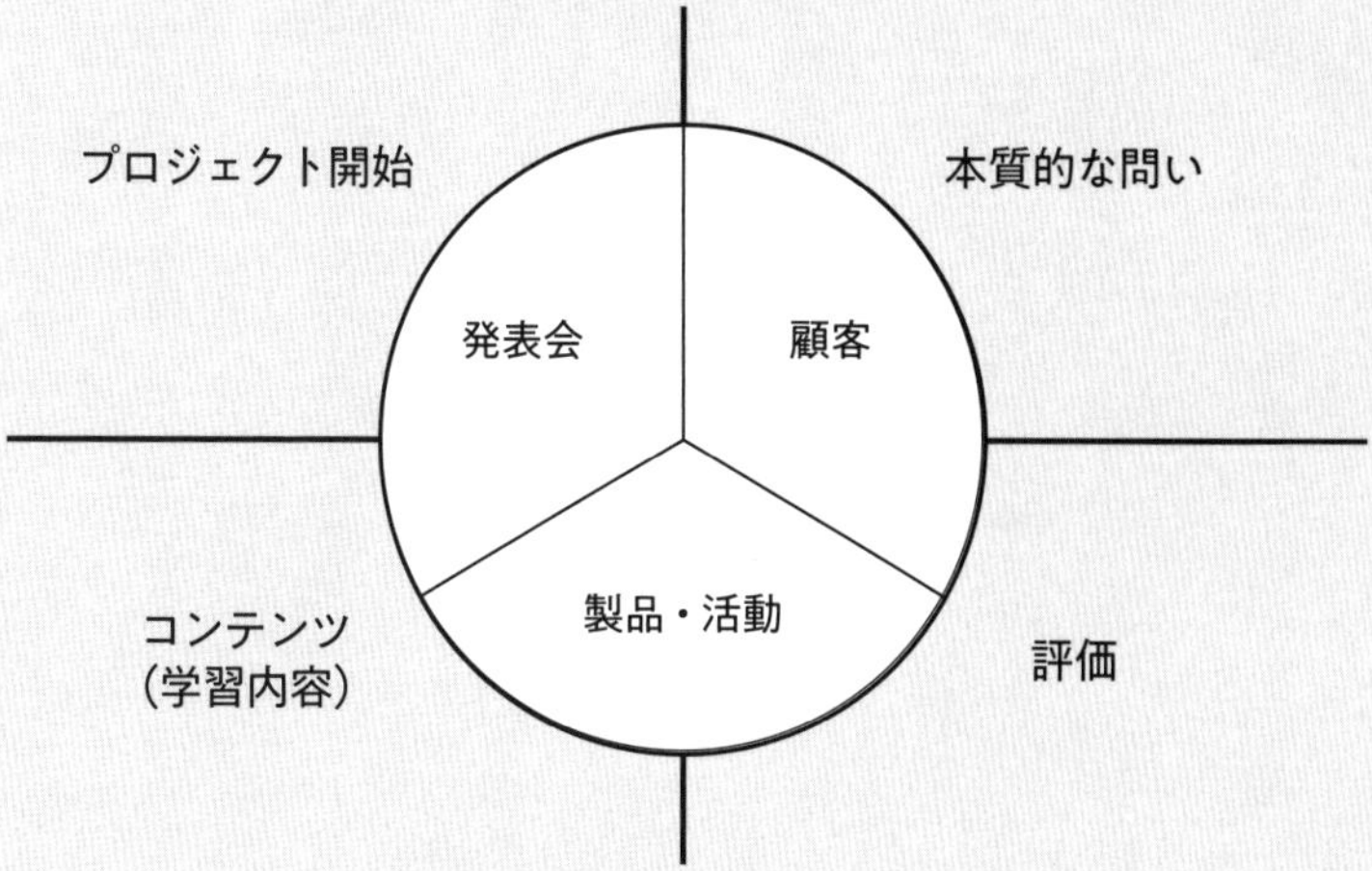

現場でよく使われるのが、前頁のプロジェクト・ディスカッションパターン（筆者が付けた仮の名）である。

このパターンはどこから埋めても構わない。またディスカッションも、どこからスタートしても構わない。ただ、比較的分かりやすいのは、逆向き設計[*42]といい、最終的なプロジェクトのアウトプットから考えていくのがいいといわれている。具体的には最終の「発表会」のイメージを最初につくっていく。図でいえば、「誰（顧客）に対して」「何（製品・活動）を提供し」、どのようにそれを「発表会」で展示するのかは、発表会のイメージが湧けば、決まってくる。ホワイトボードなどにこの円を描き、みんなでアイディアを書き込んでいく。

「本質的な問い」とは？

ところで、「本質的な問い」とは何か、難しく感じるかもしれない。実のところ、これだけで本が一冊書けるくらいのテーマだが、ハイ・テック・ハイでの「本質的な問い」の条件は、以下の4つとなる。[*43]

1. 広範で、革新的な思考、そして何層にも重なる探究を促すもの。
2. 簡単には答えが見つからないもの。

3．生徒の想像力を捉えるもの。
4．仕事や研究、個人的もしくは家庭的な生活で問われるもの。

それこそ「よい問い」が見つかるだけで、良質な研究となったり、よい事業ができたりするくらいなので、そんなに簡単に見つかるものでもない。私たちが実施する研修でも、「問い」の設計については先生方から大変多くの質問が出るが、ハイ・テック・ハイのアドバイスとしては、唯一のよい問いを出そうと固執するのではなく、同僚と一緒にまた生徒と一緒に、どんどんたくさんの問いを出してみて、そこから選択する。もしくはプロジェクトのプラニング段階ではよい問いが見つからずとも、無理をせず、プロジェクトが始まってから、刺激を受けた子どもたちが発した問いから考えてもよい、としている。

発表の形式は、デジタルでもリアルなものでも構わない。また、課題に対する解決の実行でも、演劇化や実際に地域で何らかの活動（サービス）をすることでも構わない。発表の対象者や顧客として、保護者や他のクラスや学年の生徒のほかに、学校外の専門家や市民に対するプレゼンテーションをするとなると、さらにプロジェクトに対する生徒たちのモチベーションが上がるため、その実践が推奨されている。

次頁に掲げるオーディエンスのヒエラルキーはハイ・テック・ハイのなかでもとて

オーディエンスのヒエラルキー
——モチベーションを上げるための仕組み

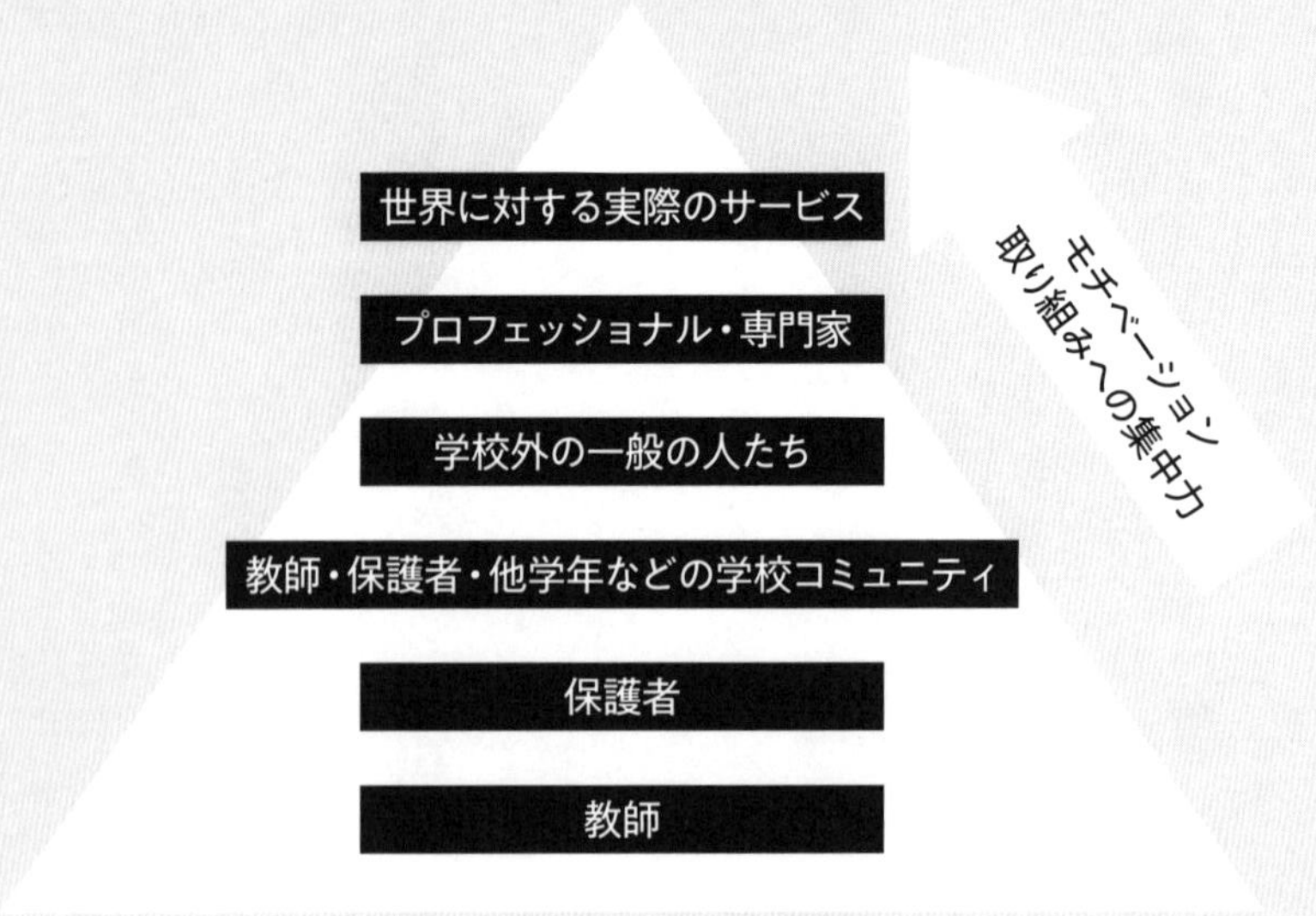

Hierarchy of Audience, EL Educationを基に筆者作成

も大事にされているもので、学年が上がれば上がるほど、専門家に対して、そして世界（社会）に発信していくなどのチャレンジをするように推奨される。学年が上がれば上がるほど、地域の企業や大学、研究機関などと連携していくようになる。

こうして、大体のプロジェクトの概要を決定したら、いよいよプロジェクトのタイムラインを決定する。18週間の長期プロジェクト、6週間の中期プロジェクトなど、様々な長さがある。週単位で何をするかを大まかに決めたのち、日ごとのアクティビティを設定していく。

はじめに発表会に合わせて、大きなマイルストーンを決め、それから詳細を決める。また、長い期間のプロジェクトの場合は中だるみをしないように、週に1回くらいは学外に出てフィールドワークをしたり、専門家など外部者とのインタビューや講演を設定してリズムをつけていく。

プロジェクトの開始部分は重要で、フィールドワークをしたり、ゲストスピーカーを呼んだり、プロトタイプを実際に作製してみたり、映像を見たりして、十分に生徒の興味を引きつけることと、プロジェクトを遂行するにあたって必要な、オーセンティック（真正）な経験をすることが求められる。

ところで、ハイ・テック・ハイはチャータースクールであるため、学習指導要領的なスタンダードに縛られることがあまりなく、「発表会」のイメージからつくっていくことが可能だが、日本の場合は、学習指導要領で定められた目標や内容からスタートしなければならない場合もある。その場合は、無理せずプロジェクト・ディスカッションパターン（87頁）の左下の象限のコンテンツ（学習内容）から埋め、それに沿った「製品・活動」、そして「発表会」を考えるという順番でもまったく問題はない。まだPBLの経験が浅く、アイディアが思い浮かばない場合、ネットや本などでよい先行事例を探して応用する、ということも積極的に行って構わない。また当然であるが、「本質的な問い」から埋めていっても、問題ない。どの順番で埋めるかは本当に自由である。

2 環境とコミュニティに関わる実践プロジェクト

ゴミプロジェクトのつくり方——ゴミ問題

2018年末に、ハイ・テック・ハイ・ノースカウンティキャンパスでラーニング・コーディネーターを務めるティナ・シューラーにプロジェクト作成の事例を教えてもらったので、ここに簡単に紹介する。高校生を対象にゴミ問題をテーマとしたサンディエゴのアースプロジェクトで、クラスサイズは約50名。

ティナ・シューラーによる教師向けのワークショップ

まず、9つのPBLの要素のなかでもコアとなる「発表会」のイメージを定めていく。そして、「顧客（発表会の対象者）」「製品・活動」を決めるが、擂《す》り合わせるのにかける時間は1時間程度で意外と短い。この時点で、たとえばゴミ問題がテーマとなり、「廃棄物を減らす」という目標、発表の場がサンディエゴのアースデイ・フェスであるというゴールの概要が見えてくる。その後は教科ごとの先生、つまり人文、理科・数学、そしてこのプロジェクトではバーチャルリアリティ（VR）映像を利用した発表を行うため、映像制作やウェブサイトなどの作制をサポートする先生の3名が実際の授業内容をそれぞれ考え、また擂り合わせを進めていく。

円の中の3つの要素が埋まれば、次は「プロジェクト開始」「本質的な問い」「評価」「コンテンツ（学習内容）」など周辺要素を設定していく。

たとえば、「プロジェクト開始」では、教師と生徒、および生徒同士での信頼関係を構築し、これから数カ月にわたって取り組むためのモチベーションになるような、印象深い経験を共有することが必要不可欠である。多様なバックグラウンドをもつ生徒が集まるため、スタートとして同じ経験をし、お互いの視点の違いを確認しておくことは、「公正」の観点からも非常に大事なことである。

このプロジェクトの開始では、教師が生徒にゴミ袋を渡し、「3日間で出たゴミを

	内容	意図
顧客 (発表会の対象者)	両親、アースデイ・フェスに参加するサンディエゴ市民	両親だけではなく、学校外の多くの人たちに
製品・活動	バーチャルリアリティ映像を使ってゴミを減らそう	共感の接点を考える 廃棄・無駄を減らす
発表会	発表会(アースデイ・フェスで実施)	開かれた場所で行う

袋に入れて持ってきて！」と生徒に伝えたが、その時、課題の目的を先に知らせてしまうと行動が変容してしまうため、なぜゴミを持ってくるのかの理由は言わなかったとのこと。

次に、生徒たちは、持ってきたゴミと一緒にポートレート写真を撮影し、ゴミが出たときの感情を顔の表情で表現することが課題となる。そこでは「不快感」だけではなく「悲しみ」「驚き」「後ろめたさ」などの様々な感情が表され、生徒たちはその感情についてクラスで話し合う。ゴミを見て感じた表情の写真が並ぶ廊下は、現代アートのインスタレーション作品のようになっている。サンディエゴ市のゴミの排出量や、ゴミの排出ルートなどを調べる前に、こうして「ゴミ問題」が自分の身近なところにあり、誰でもない「自分」がゴミを出していること、そしてそれに付随する感情に向き合うことが優先されるのだ。

次の段階では、55人全員分のゴミをフィールドに集めて、自然に還る順に並べ換える。ここで、「どうしてガラスは戻りにくいのか」などの化学的な問いが出てくる。そのような問いのなかから、「どうしたらゴミを少なくできるのだろうか」とディスカッションしていく。

ここまで決まってくると、「本質的な問い」が見えてくる。このプロジェクトの場合、生徒たちによって「どのようにしたらサンディエゴの市民に対してゴミを減らす

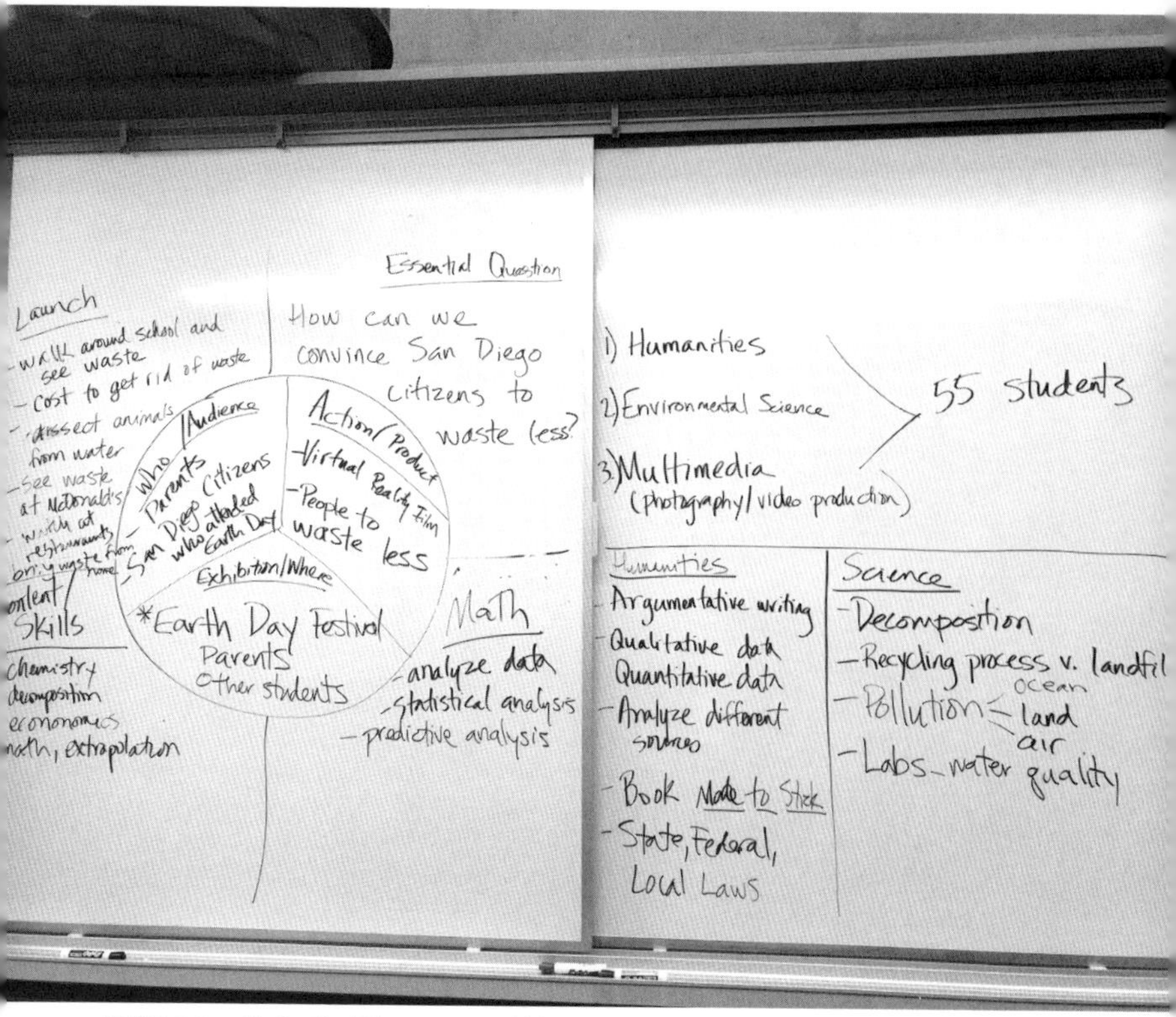

研修時のホワイトボード。実際にこのように数名の教師で話し合いながら書き込んでいく

ように説得することができるか」と設定された。このようにして、「問い」は教師が全体計画のなかで見通しをもち、ガイドしつつも、最終的な決定は生徒たちに委ねることも多い。

次に「コンテンツ（学習内容）」と「評価」を学習スタンダードも考慮に入れながら、入れ込んでいく。ハイ・テック・ハイのプロジェクトは教科横断であるので、理科・数学の観点からは、「分解と腐敗」「再利用のプロセス」「公害」「予測解析」「数学」が該当し、人文の観点からは、「説得文 argumentative writing」「定性データと定量データの扱い方」「比較分析」「経済」「連邦法と州法」、マルチメディアの観点からは「スクリプト作成」「バーチャルリアリティの作成」となる。

評価方法としては、ゴミ問題の社会的側面を学ぶために政治や環境に関してのエッセイを毎週書かせたり、リサーチを確認したりする。3名の教師が一緒に評価をするが、情報は共有しながらも評価において同じメッセージを生徒に送る場合もあれば、あえてばらつかせるケースもあるという。

ラーニングコーディネーターのティナ・シューラーは以下のように言う。

「10年前にハイ・テック・ハイに来てから自分の考えは根本的に変わりました。最初は一つの科目でテストして評価するという価値観をもっていましたが、今は最終的には社会貢献ができるプロジェクトを実施することが何よりも大切だと思っています。

PBLで一番勘違いされがちなところは、(多くの教師が思うように)まず一番はじめに概念や関連知識を教えてしまってから、そのあとにプロジェクトをスタートすればよい、と考えていることですが、そうではありません。ほとんどの場合、生徒自身も私も最終的に何をつかむのか、またプロジェクトの出来上がりも分かっていません。その時点の成果物が間違っていても修正していけばいいし、学校外の専門家を含めた他の人に頼ってもいいと思うようになりました」

こうしたプロジェクトの立案において、プロジェクトの「かたち」よりも重要なのは、生徒、そしてそれを一緒に進める先生の情熱がベースになっていることである。そして、「生徒がプロジェクトを完遂するだけの意味を十分に理解できる」学びのゴールが設定されていることである。特にプロジェクトのスタート期に先のボルダリングの例のようにワクワクするような情熱の感覚、プロジェクトのアイディアに興奮するような感覚を生徒にもたせることは必要不可欠となる。

さらに、ハイ・テック・ハイのプロジェクトは協働設計であり、複数の先生がプランニングだけではなく、プロジェクト終了まで一緒に関わる。よって、前章で説明したようなお互いの教育に対する考え方やビジョンを確認し、良好な関係性を構築したうえで、どのくらいの時間をそのプロジェクトに割けるか、どのくらい頻繁にミーティングをすることが可能か、プロジェクトのどの部分にお互い責任をもつか、などの基本的なことを話し合っておく必要がある。

2つのプロジェクト実践事例

実際のプロジェクトの詳細について、以下に教師のインタビューを含めて紹介していこう。一つは高校2年生の環境科学のプロジェクト、もう一つは小学校1年生の学習スタンダードに応じた総合学習のプロジェクトである。

実践例1 プランティング・コミュニティ

対象：高校2年生（11年生）
期間：2019年下期、4カ月
担当教師：ジョン・サントス、パット・ホルダー、サラ・ストロング

プロジェクト

食料生産は、健康問題、環境、倫理など複数の領域にまたがる。「プランティング・コミュニティ」のプロジェクトは、産業とコミュニティに関わり、また都市生活の背後に深く横たわる哲学、システム、科学を掘り下げていくよい機会となる。なぜ食料は産業的な農業システムによって生産されるのか、そのコストは何であるのか、

私たちが依存する資源を生むために何か他の方法はないのかをチームで考える。このプロジェクトでは、地元のエクスプローラ小学校と連携して「緑の学びスペース」をデザインし、一緒に作り上げていく。

本質的な問い

1. どのようにしたら私たちのコミュニティは活力をもち、食料生産に密接に関わり、プロセスや成果物を理解する価値を共有できるようになるだろうか。

2. 食料生産や水供給に関する産業的な慣習は、どのように私たちの健康や生物学的なコミュニティに影響を与えるだろうか。

育てたいスキル

アカデミックリサーチ、数理モデルの作成、グラフィックデザイン、クリエイティブライティングの手法を活用したショートフィクションの作成、プランターなどの成果物のプロトタイプとデザインの改善、クラフトマンシップ、批評、土汚れを恐れず小学校の生徒たちと共につながること。

スケジュール

以下は担任のジョン・サントスに、このプロジェクトについて聞いたときのやりとりである。

Q1．このプロジェクトはどのように企画しましたか？

現地の小学校が、子どもたちが植物の栄養や生理について学ぶことのできる小さな学びの植物園や菜園のようなものを作りたいと私たちに相談してきたのがきっかけです。年齢の上の生徒と低学年の生徒が一緒に学べるようなイメージのもので、私のクラスの生徒たちは、その先生や生徒たちにインタビューをし、彼らの要望を聞きながら、そのスペースのデザインを始めました。プロジェクトの初期の段階では、地域の農場を訪れたり、実際に町のお店で食べ物を買ってきてパーティをしたりして、それらの食べ物がどこから来たのかなど、話し合いました。

Q2．プロジェクトのスケジュールはどのように進めましたか？

このプロジェクトは学期の4カ月をフルに使って実施しました。3つのパートに分けましたが、はじめのミニプロジェクトの3週間は小さなものを作って、プロダクトデザインの要素やツールの使い方を学びます。次のミッドプロジェクトの4週間では、

プロジェクト内容	ミニプロジェクト	ミッドプロジェクト	ファイナルプロジェクト
期間	1−3週（3週間）	4−7週（4週間）	7−15週（9週間）
提出物	サボテンプランター フレームつき押し花 刺繍（自生植物） 昆虫のすみか製作 ポッドキャスト 小学校への初期プラン	都市菜園のショップづくり 初動プランター製作 昆虫のすみか製作	エクスプローラ小学校に対する成果物、記録物、プロセス資料 ポッドキャストでの最終プレゼンテーション （※ポッドキャストによる発表を求めた子がいた）
生物学・環境科学関連	地球の生命、エネルギーサイクル、エコシステム 本プロジェクトに関連するグローバルレベルの環境問題について小論文作成（個人課題）	タンパク質合成、遺伝、変異、植物の進化と淘汰 本プロジェクトに関連するローカルレベルの環境問題について小論文作成（個人課題）	動物界、生物の構造、心理学、消化、栄養とメタボリズム、農業、環境保護主義、野生生物生態学、グローバルエコロジー、保全生態学 ファイナルリサーチで連携する専門家へのインタビュー
数学	指数関数・数列の極限	対数・微分	統計・微分

「プランティング・コミュニティ」のコンセプトに合った小さめの成果物を製作します。最後の9週間で、最終成果物を作製します。この期間では、生徒は環境や農業、栄養に関する様々な報告書や記事を読んで、専門家にもインタビューしながらアカデミックなリサーチペーパーを作成します。

Q3.このプロジェクトのアイディアはどこから生まれましたか？

生徒から多くのインスピレーションを得ました。どのような経験が彼らを夢中にさせるのか。私たちのコミュニティの今の文脈のなかで、どのような学びの経験が彼らにとって有益なものになるのか。協働や計画、情報統合のスキルをどう教えるか。現実世界で生徒たちのサービスを喜んで受け取るクライアントはいるか、などを考えていきました。

Q4.プロジェクトの準備にはどのくらいかかりましたか？

秋のスタートに向けて具体的に動き出したのは春でした。理想的には夏休み前にプロジェクト全体の予定表や使用するマテリアル、協業する専門家や基本的な内容が決まっていると、夏休みも少し気持ちを緩めて休むことができますね。なお、プロジェクトの大失敗を避けるには、プロジェクトを計画後、実際に教師がミニプロジェクト

プロジェクトの成果物であるプランターで遊ぶエクスプローラ小学校の子どもたち（写真提供：ジョン・サントス）

プランターの一部に鳥が集まるように鳥かごもつくる（写真提供：ジョン・サントス）

をやって、その現実性や課題をある程度把握しておくことが絶対に必要です。今回のことでいえば、プランターのプロトタイプを作ったり、専門家に事前に会って話したり、小論文を実際に書いてみたりということです。問題が起きがちなのはプロジェクトの中盤ですが、進みの早い生徒と遅い生徒の間で問題が起きたり、興味・関心が薄れてしまう生徒が出たりします。でも、そういったことも事前に想定しながら進めていくので、大きなトラブルにはなりません。

Q5．どのように評価して、成績をつけましたか？

個別化がキーです。生徒は自分の学びを自分で設計することができ、自分の評価も自分でできるはずだと信じることが大事です。生徒がそれぞれの個性を生かし、力強く、より深く学ぶことが自分でできるように支援します。評価（アセスメント）に関しては評価そのものよりもフィードバックに力を入れます。評価はどうしても成績策定のためのものと割り切らなければならない部分もありますから。でも、フィードバックはその生徒の学びを前に進めるものです。学びのサイクルとしては、何かをつくり、批評を受け、よりよいものを製作する、の繰り返しです。考察（リフレクション）も大事なので、プロジェクトの最後だけではなく、プロジェクトの過程のなかで習慣になるようにたっぷりと時間をとります。成績については、彼らがどのように時間をマネージし、仲間と協働できたかを見ています。ただ、これらはどうしても主観的なものなので、理想としては成績などなくなってしまえばいい、と本当は思っています。

Q6．生徒の成長をどのように見ていますか？

何といっても、ここが一番美しく、僕が一番好きな部分です！　彼らは一人ひとりすべて違うように成長し、変容します。ある生徒は社会的・心理的に成長するし、ある生徒は計画性や協働スキルが具体的にアップします。文章を書く技術、批評の技術が上がる生徒もいます。でも、すべての生徒が経験するのは、「意味があり」「インパクトがあり」「美しい」〝何か〟を自分たちはつくったんだ、という実感だと思います。

Q7．何か付け加えたいことはありますか？

今回なぜこのプロジェクトを紹介したかったかというと、身近なもので真正なプロジェクトはいくらでもつくれるということを伝えたかったからです。僕の他のプロジェクトではドローンを飛ばしたり、少し足を伸ばしてキャンプを行うようなものもありますが、環境によってはできないこともあるでしょう。公立校を含めた日本の先生たちにも「自分たちでもやれる」、と思ってもらえると嬉しいです。また、「派手」なプロジェクトをしようとするあまり、本質を見失ってしまうことがあります。発表会での成果はもちろん大事ですが、それと同じかそれ以上にどれだけ個々の学びに寄り添えるかということも含めて、プロセスを丁寧に設計することがとても大事です。

実践例2 タイドプールの宝

対象：小学校1年生
期間：1月中旬から3月中旬の2カ月間（2016年実施）
担当教師：ジャメル・ジョーンズ他

プロジェクト

潮汐《ちょうせき》と潮溜まり（タイドプール）の探究。潮汐とは、月と太陽の引力によって起きる、海面の昇降現象。潮溜まりとは、岩礁海岸で干潮時に岩や砂泥底などの底質のくぼみに海水が取り残されて溜まったもの。生徒たちは、月と潮のカレンダーを作って、パターンを見つけ出し、解釈する。生徒はバーチ水族館に行き海の動物を見ながら、動物の適応と潮汐についての授業を受けた。水族館のスタッフに質問し、海の動物の安全を確保する方法を学び、潮溜まり体験の準備をする。

その後、カールスバッド・ステートビーチに実際に行って、潮溜まりでデータ記録シートを使用して、領域内の海の動物の数を集計する。海の動物が潮溜まりのなかで

実際の潮溜まりで生物を観察(写真提供:ジャメル・ジョーンズ)

生き残る方法を詳しく調べ、その特徴を観察。
さらにアナログ時計とデジタル時計を使って「時間」を学ぶ。潮溜まりで観察した海の動物について、集計方法とグラフ情報を使って説明資料を作る。月の満ち欠けと地球、太陽の関係、特定の生息地における生物に固有な適応について調査する。

喚起するための問い

私たち小学校1年生は「潮汐と潮溜まり」について、どのように人に分かるように説明することができるだろう？

本質的な問い

「潮汐」とは？　「潮溜まり」とは？　太陽、月、そして地球はどのように「潮汐と潮溜まり」に影響を与えるの？

発表

「潮溜まり」の生物、太陽、月の関係について学んだことをバーチ水族館で一般の人たちに向けて発表。その後、校内での発表。

※本プロジェクトはコモン・コア・ステート・スタンダード（アメリカの学習指導要領）に対応しており、国語領域では「フィクション&ノンフィクション」「メインアイディア」、理科領域では「月の動き」「自然界のパターン」「生物のパターン」、算数では「時計の読み方」「グラフ作成」「表作成」などが対応。

子どもたちの好奇心が出発点

以下は担当のジャメル・ジョーンズに、このプロジェクトについて聞いたときのやりとりである。

Q1. このプロジェクトはどのように思いつきましたか？

生徒がとにかく海の動物に興味をもっていたので、何かできないかな、と思っていました。加えて、学校から20分も歩くと海なので、ぴったりです。まだ小学生ですから学習スタンダードに沿っていることも重要なため、あわせて考えていきました。

Q2. どのくらいの期間、準備しましたか？

何度も仲間の先生とミーティングをし、実際に海に行って、どこでフィールドワークをしようかと考えたり、専門家にインタビューしたりしました。サンディエゴの水

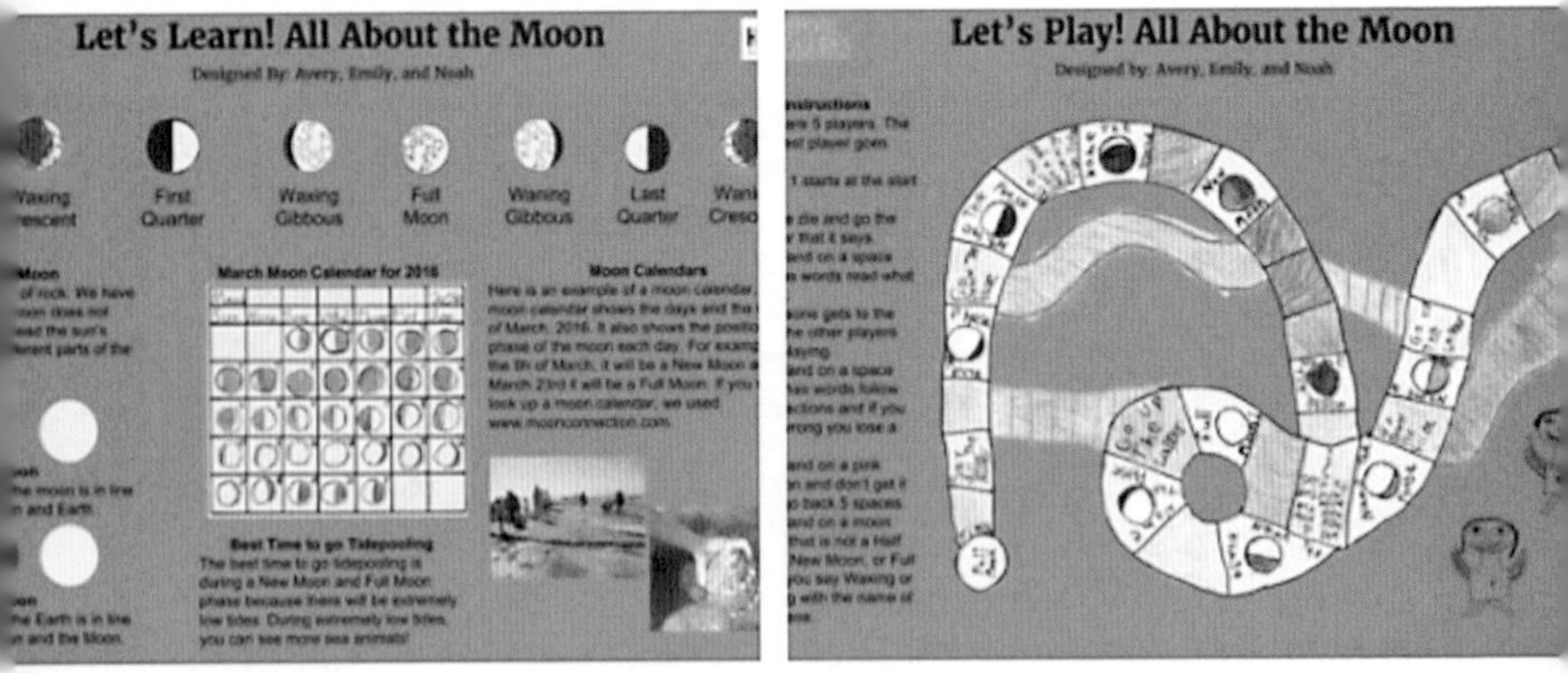

月の満ち欠けの記録（左）と生徒作成のゲーム（右）（写真提供：ジャメル・ジョーンズ）

族館やカブリオ国定公園に行って、彼らにもっと子どもたちと一緒に学べることがないかを聞きました。

Q3．どのように評価して、成績をつけましたか？

基本的には最終成果物のクオリティを確認します。でも、クラスでは常にフィードバックやアドバイス、批評を行って、生徒自らが自分の仕事の質を高められるように支援していきます。生徒たちは、自分のつくったものを友達とシェアし、自分のしていることがゴールに向かっているのかをいつも確認しています。このプロジェクトに限らず、生徒たちは「ラーニングマット」といって自分たちの学びのゴールを設定して、それまでの道のりや学ぶ内容をまとめた紙を作成し、学びの軌跡を振り返ります。

Q4．プロジェクトは大変でしたか？　もしそうだとしたらなぜですか？

グループプロジェクトの難しいところはやはり、子どもたちはそれぞれに興味の対象が違うし、興味をもつタイミングも違うということです。また小学1年生なので、それをうまく表現することもできません。よって、それぞれの子どもがどういう子なのかを全人的に把握します。興味や習慣、家庭環境なども含めて見るため、全部把握するまでに時間がかかります。たとえば集中できないとき、少し休みたいのか、お腹

発表会でタイドプールについて話す1年生。話を聞くのは保護者や地域の人たち（写真提供ジャメル・ジョーンズ）

が空いているだけなのか、休憩時間に何かあったのか、理由は様々です。

なので、ゴールに向かいながらも生徒一人ひとりの個別の社会的、情動的な成長の余地を確保し、バランスをとりながら前に進みます。大変でもありますが、とても魅力的で価値ある部分です。プロジェクトゴールに邁進《まいしん》しながらも、ときどき遊んだり、輪になってお話をしたり、ちょっと外に出たりと緩める時間をとっています。

4

「美しい仕事」をする生徒たち

芸術は世界を変えられない、そんな風に言われてきたが、
芸術は、世界を変える人間を動かすことができる。[*44]
マキシン・グリーン（教育哲学者）

1 美しい学校をつくろう

クラフトマンであれ

私も含め、ハイ・テック・ハイを訪れる人たちすべてを魅了するのは、校内に飾ら

校内に飾られているレーザーカッターを使用した生徒の作品

れた美しい成果物の数々である。校内のあちらこちらに生徒が製作したアートが展示され、さながら美術館を歩いているようである。それもそのはずで、美術館や博物館で展示の企画をしたり、展示物の選別、編集、保管を行うキュレーターという仕事があるが、ハイ・テック・ハイは、展示のキュレーションをとても大切にしている。

ハイ・テック・ハイの生徒たちは、数々のプロジェクトに取り組むなかで、「自分のすることを誇りに思い、自身や他人を尊重し、力強く正確で美しい学習活動をするクラフトマン（職人）」であることを自身のアイデンティティとするように育てられていく。

前述したように、同校のカリキュラムはこころと手を一緒に動かし「つくる」ということに、一般的な学校のPBLより重きが置かれている。こうしたハイ・テック・ハイのPBLを特徴づけるいくつかの要素にはロン・バーガーの思想が大きく影響しているが、彼の「Beautiful Work[*45]（美しい仕事）」という短い論考には以下のようなことが書かれているので、サマリーを紹介する。ちなみにこの論考は、ハイ・テック・ハイの研修では毎回配布されるほど重要な位置づけとなっている。

私が最も価値があると考えているのは、生徒が美しい作品を創造することをサポートすることである。私はここで「美しい仕事」を広い意味で捉えている。この言葉は科学的研究や数学、文章の伝える力、建築設計の精密さにも当てはまる。私の授業では、すべての科目において常に美と質を追求し、「価値」「クラフトマンシップ」そして「愛情をもって接する」ことに対する批評を怠らない。

私は、どんな分野にでも「美しい仕事」には美学的なコアがあると信じている。生徒たちは私の授業で、しばしば科学者、建築家、歴史家、作家、芸術家などと授業を共にするが、彼らはみなそれぞれの分野で「美のセンス」をはっきりと表明している。私の授業でこれらの専門家が生徒の取り組みを批評するときには、常にそれは美学的であり、その分野におけるエレガンスは何であるのかを定義するプロセスとなっている。私たちは常に美学的、そして芸術的なビジョンをクラスルームの文化とすべく毎日議論している。

私たちの教室を訪れるゲストは、作業中の生徒たちが高い関心をもって、エキサイトしながら、非常に集中して取り組んでいる様子を見て驚くが、それは驚きに値しない。彼らは、他の多くの学校の生徒とは違った目的をもっている。彼らはワークシートの穴埋めのためにいるのではなく、独創的で美しい作品をつくり上げるために存在している。教室そのものが画廊であり、エレガントな作品が壁や棚などあらゆる場所に展示されている。そして生徒は教室の美しさを誇りに思っている。

2　エクセレンスの倫理を養う

ロン・バーガーはこうした「美しい仕事」を成立させる鍵は、「文化」にあるという。子どもたちに最高のものをアウトプットするエクセレンスを常に求め、それをサポートする家族の文化、地域の文化、また学校の文化こそが、子どもたちのエクセレンスに対する倫理観を強力に養うという。

生徒たちは身の回りの文化に大きく影響を受け、その文化に合わせて態度や努力を調整してしまう。たとえば、学校のなかで頑張っても、それがかっこ悪い、と周りの生徒からバカにされたり、最悪の場合いじめられたりすると、子どもはあっという間に努力しなくなってしまう。逆も然りであり、だからこそ学校はその文化の育成を課題としてもちながら、一生懸命に取り組むことが安全でかっこいい、つまり「美しい」と子どもたちが意識することが必要だと指摘する。

バーガーの「Fostering an Ethic of Excellence」という論考では、教え子の一例として、家庭やコミュニティの環境、過去の学校の影響で学校嫌いになった、態度の悪い小学校6年生のジェイソンが出てくるが、彼は努力とエクセレンスに向かう教室文化のなかで、周りの子どもたちの彼に対する態度によって少しずつ変化し、前向きにプロジェクトに取り組むように変容を遂げていく。

次第に、社会や学校の環境が貧しくなっている。そうなると、「エクセレンス」や「美」は隅に追いやられ、「皮肉」「中傷」「怠慢」などが新たな価値としてせり上がってくる。今、世の中は「美しい」だろうか。

ハイ・テック・ハイは、プロジェクトに最高のクオリティと美しさを求める過程で、「できなかったこと」が「できるようになる」ための努力を惜しまない力（Grit）や、アウトプットの不十分なところ、改善可能な部分については、自分一人で対処するのではなく、他者を思いやり、良好な人間関係を保ちながら、お互いに適切に指摘し、質を高め合っていく「態度」を培っていく。そのポイントは、「発表・展示」と「批評」の仕組みに現れているが、「発表・展示」は前章で扱ったので、本章では「批評」に絞って、どのような取り組みがされているかを掘り下げる。

3 健全な「批評」がお互いを鍛える

批評は当たり前の行為

「美しく」「真正な」プロジェクトを実現するために、ハイ・テック・ハイが非常に大切にしているのが、「批評」である。繰り返し述べているが、美しいもの、最高のものにしようというエクセレンスへのこだわりと、「人間性の育成」「公正」の実現がハイ・テック・ハイのPBLの基本思想である。この思想がハイ・テック・ハイという学校の文化をつくっているが、「批評」は「公正」という目標を実現するために日々重ねられる「営み」であり、「態度」の醸成であり、必要不可欠の要素である。

ところで、「批評」とは彼らのいうところの“Critique”を和訳したものだが、辞典にも「物事の是非・善悪・正邪などを指摘して、自分の評価を述べること」[*46]などと書かれているように、ニュアンスが少し批判的・断定的に聞き取れるため、ハイ・テック・ハイがどのように批評を捉えているのかについて少し補足しておく。ハイ・テック・ハイ教育大学院による教員用ガイド「Hands and Minds」からの要約、引用[*47]である。

プロフェッショナルの世界では、「批評」や「度重なる修正・見直し」は成功への必須の条件である。ソフトウェアの開発では、完成の前にユーザーに見てもらって改良を重ねる。建築家は何度も設計図を描き直す。「批評」や「度重なる修正・見直し」は、スポーツやコンピュータサイエンス、建築、医療、エンジニアリング、防災、シアター、配管工事、管理業務に至るまで、ありとあらゆる分野で最良のアウトプットをもたらすために行われる。[*48]

「批評（Critique）」という言葉は、「審判」や「非難」「不承認」という意味を言外に含むことがある。よって、「批評」という言葉にポジティブなイメージを与え、「批評」がプロジェクトの質を上げるために非常に有効な方法であることを実感してもらう必要がある。[*49]

つまり「批評」は「審判」することではなく、ましてや作品をけなすものでもなく、よりよいものをつくっていくための「プロセス」なのである。日本の学校でも部活動、たとえば学内オーケストラやスポーツなどでも何度もリハーサルや練習を重ねて本番を迎えるが、そこで自然と行われているのは、「改善すべき部分」の適切な指摘と、改良の積み重ねである。社会に出ても私たちが日々行っていることのほとんどはこのプロセスではないだろうか。こうした当たり前のことが、なぜか通常科目の授業ではまったくといっていいほどなされていない。

批評のプロセスを支える3要素

この「批評」のプロセスは、「深い学び」とも密接に関わる。「批評」がうまく回り始めると、生徒のモチベーションは上がり、プロジェクトを自分事と捉え、積極的に関わるようになる。そして、それまで見えていなかったものが見えてくる。その繰り返しだ。子どもたちは真剣に取り組むことによって、物事を粘り強く深く見ようとするようになり、そういう目を培った子どもたちが自分たちの未来をつくっていくのである。

では、ハイ・テック・ハイではどのようにして「批評」のプロセスを支え、実施しているのだろうか。まず基本的な考え方は以下の3つである。

1．優しく、具体的で、助けになる批評を行う（Kind, Specific and Helpful）。
2．コンテンツに対しては厳しく、人には優しく。
3．自分も話し、人も話せるようにし、すべての人の「声」が受け取られるようにする。

特に1．の「優しく、具体的で、助けになる批評」は、ハイ・テック・ハイの「批評」の根幹となっており、現場で日常的に使われているのはもちろんのこと、教育大学院においても大事な研修項目となっている。

たとえば、研修では、参加者がスマホで自撮りした写真を見て、自画像を描き、その後、みんなでその絵を見てフィードバックを付箋《ふせん》に書いて貼る。どのようなフィードバックが有効か、そうでないかを話し合って、もう一度描き直すことで自分の絵の

上：2019年1月に行われた日本での研修の様子
下：メンバーからのコメントが書かれた付箋

変化を確認していく。メンバーがくれる「よい」「よく描けている」など当たり障りのないコメントでは、多少の自己肯定感にはつながっても、具体的にはほとんど絵が改善しない。そこで、「優しく、具体的で、助けになる批評」を意識することで、絵が劇的に改善することを実感する。なお、3.の「声」は英語では“Voice”であるが、Voiceには、「声にならない声」も含むし、意見というよりもっと深い、生命の声、というようなニュアンスがある。

批評の規範

さらに、ハイ・テック・ハイでは、CAREという頭文字をとり、「批評」における教師の規範4要素を示している。[*50]

「C」Create and Maintain an Environment of Trust（信頼の環境を醸成し保つ）

クラスの一人ひとりが、「批評」を通じて思いやりを育てるようなクラス文化をつくり上げるように、教師は「批評」の規範を指し示すだけではなく、自らがそのモデルとなり、クラス内の「思いやり」や「協力」を実現する「批評」を行う。

「A」Allow Students to See the Real You（生徒が本当の自分を見つけることを促す）

教師は失敗から何を学んだかを身をもって示す。自らの失敗をさらけ出し、それがいかに学びにつながり、探究の旅につながったかを語り、「私も知らないのだ」と伝えることで、生徒たちは、はっとするような自己への認識の旅を歩み始める。

「R」Respond to the Diversity in the Room（多様性に応える）

クラスにいる一人ひとりはかけがえのない個性をもっている。「批評」のセッション時には、すべての子どもの「声」が聞き入れられ取り入れられるように、教師はすべての方策を尽くして、努力をしなければならない。

「E」Encourage and Expect Growth from All Students（すべての生徒の成長を信じて援助する）

落ちこぼれだと感じている生徒は、学びを諦め、批評の対象とされない。一方で、要領よく課題をすませる〝成績〟のよい子は簡単にA評価を与えられるが、そういう子も二度と「批評」の機会が与えられない。しかし、すべての生徒は、「批評」によって一人ひとりの学習の熟達や努力、成長がしっかりと尊重されなければならない。

公正の概念

こうしたＣＡＲＥの規範から、ハイ・テック・ハイのゴールでもある「公正」の姿が見えてくる。クラスにいる一人ひとりはかけがえのない個性をもっている。その個性が尊重され、慎重に「批評」の実践の経験を経るときに、すべての子どもたちは大きな成長の機会を得る。それは、ひいては「誰もが、人種や性別や、性的な意識や、身体的、もしくは認知的能力にかかわらず、同じように価値ある人間だと感じる」公正の実現へと直結するのである。

しかし、「公正」は人に優しいだけでは実現しない、ということもハイ・テック・ハイは十分に理解している。学業がうまくいっていない子どもは、多くの場合、「厳しい指摘をしない」という甘やかしのなかで本来受けるべき建設的な批評を受けることができていない。しかし、もし教師が本当にそういった生徒も含め、すべての生徒に成長してほしいのであれば、クラス全員が確実に十分なフィードバックを受けられるようにしなければならない。

一方で、エッセイが苦手な子が人前で喋るのが得意だったり、数学が苦手な子が実験の設計に長けているということは往々にしてある。だったら「批評」によって、様々な個性の子どもたち一人ひとりが「声」をもてるように、そして生徒が自信をもてるように教師は支援しなければならない。もしある生徒が人種的にマイノリティであったり、自分の成績に自信がもてなかったとしても、自分の「声」に価値があり、大切なものだと感じることができるようになれば、それは「公正」の第一歩である。

ハイ・テック・ハイは、「公正」が重要視される教室では、できるだけ異種のものが入り混じった批評グループが組まれることは必要不可欠であるという。具体的にはその批評グループは性別、人種、社会・経済的ステータス（家庭の経済的能力を含める）、能力、そしてもてる視点が様々であるべきあり、多様な経験やバックグラウンド、社会・経済的なスキルが集まり、異質なものが混在するグループは、必ずより思慮深く、挑発的で機知に富んだ批評を実現すると断言する。

しなやかで柔軟なこころを育てる

ハイ・テック・ハイの批評は、究極的には「しなやかで柔軟なこころを育てる」ためにある。そのためにはクラスのなかに単純に安全・安心な場をつくるのはもちろんのこと、「より美しい」「より質の高い」ものをつくっていくための相互の批評には「痛み」を伴うことがあることを知る必要がある。一緒に誰かとものを創作するということは、自分の「痛み」を知るだけではなく、相手の「痛み」を知ることでもあり、もしくはお互いの「痛み」を分かち合うことで、より強固な共同体をつくっていくことを学ぶことでもある。

ハイ・テック・ハイを訪れたときに感じるのは、馴《な》れ合いではない本当の意味での「優しさ」である。学校への訪問も場数を経験すると、足を踏み込んだ瞬間に何かを感じ取るものだが、ハイ・テック・ハイには「楽をする」のでも、単なる仲よしクラブでもなく、よりよいもの、自分たちのベストを尽くした世界で最高のものを提案したい、という強い気持ちや、前向きな精神がある。そうしたなかで育まれるしなやかで柔軟なこころが学校文化を形づくっている。

アメリカの道徳教育の現状について

ハイ・テック・ハイは、こうしたかたちで「批評」を通じて「こころを育てる」ことに取り組んでいるが、ここでアメリカの道徳教育の現状について少し触れておきたい。

アメリカにはもともと「道徳」という教科はなく、その代わりに、この10年ほど「社会性と情動の学習（SEL: Social Emotional Learning）」を導入する学校が増えてきている。CASEL[*51]という団体が研究や普及活動を行っており、以下の5つの要素を大事にしている。

1. Self-awareness（自己への気づき）

成長するマインドセット、楽観性、自己肯定感をもちつつ、自分の強み、弱み、およびその限界を知ること。

2. Self-management（自己のマネジメント）

ゴールを決定し、達成するにあたって、効果的にストレスや衝動、モチベーションを制御すること。

3. Social awareness（社会的な気づき）

多様な文化や背景をもった人たちも含め、他の人の視点を理解し、共振・共鳴する能力。

4. Relationship skills（関係構築のスキル）

分かりやすくコミュニケーションをとり、人の話をよく聞き、他の人と協働し、不適切な社会的な圧力を否定し、必要に応じて建設的に紛争を解決し、他者を助けるスキル。

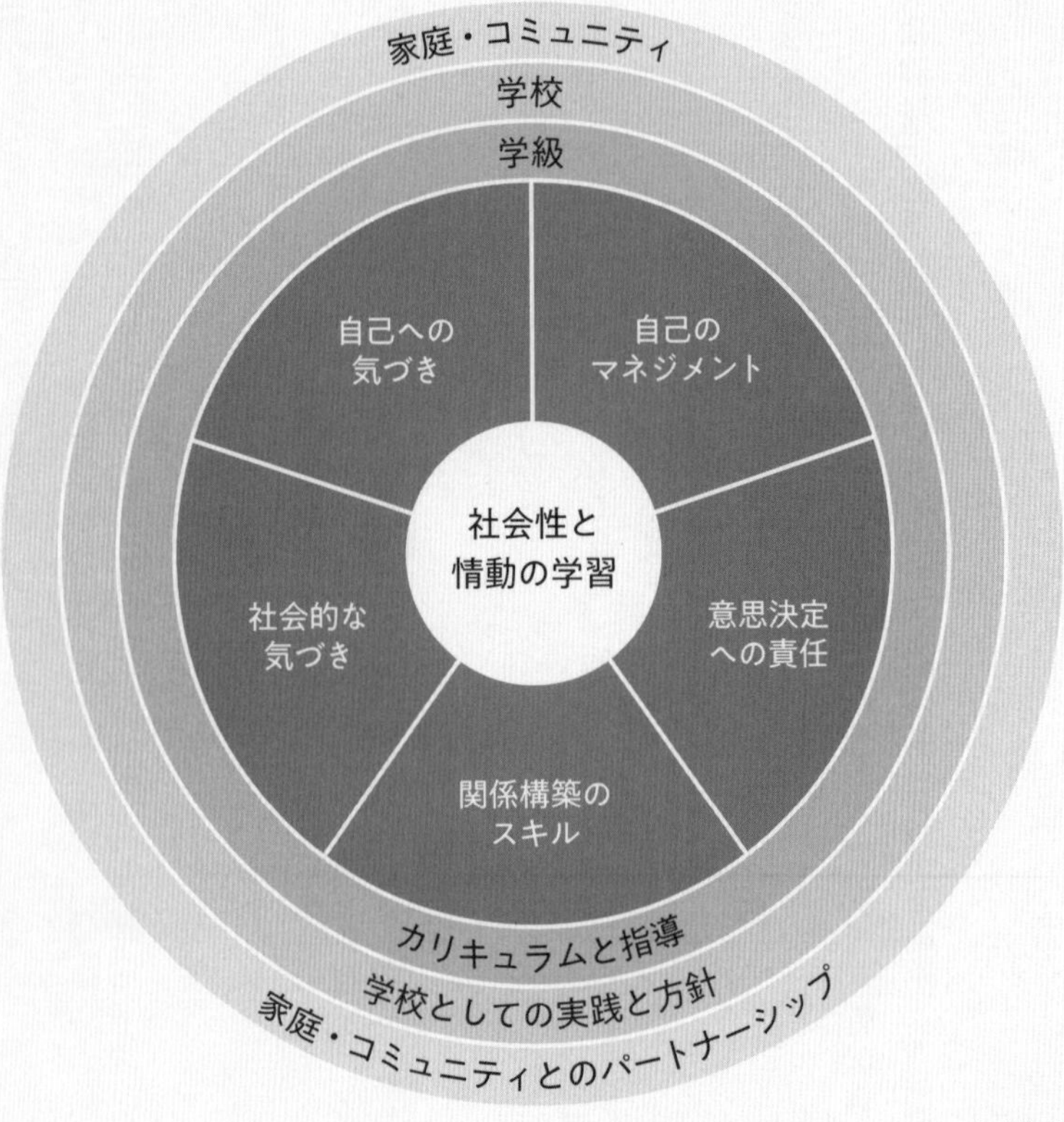

Core SEL Competencies, CASEL より筆者作成

5. Responsible decision-making（意思決定への責任）

社会的な規範や、安全性、倫理規定に則り、個人の行動や社会との関係について建設的な選択を行うこと。

ハイ・テック・ハイでは、いわゆるCASELのフレームワークをそのままのかたちでは導入していないが、「批評」のプロセスが結果的に上述の5要素を育むことになっている。

ただ、「こころの成長」は評価の対象としては見えにくい。そもそも「評価」とは何なのだろうか。算数なら正誤がはっきりするが、「人のこころ」を人が評価することの意味は何なのだろうか。次章では、ハイ・テック・ハイが「評価」というものをどのように捉え、実践しているのかについて触れていきたい。ここには、大学受験との関連も取り扱われる。

5

「評価」を変えれば子どもも変わる

私は自身の経験から、幸福の真の源は自分自身のなかにあり、
幸せになりたいと本気で望みさえすれば、
他人のせいで不幸になることはないと学んだのである。[*52]
ジャン＝ジャック・ルソー（哲学者）

1 生徒中心の評価を行う

「私たち教師はストレスを抱えています。通知表を書くときにはいつも怒りに近いフラストレーションを感じます。生徒一人ひとりの学びが同じでないことを示しつつ、

学んだことをどのようにして数字や文字で表すことができるというのでしょうか」

アメリカで中・高生に対し、英語とジャーナリズムを教え、ニューヨーク郊外の教育委員会で人文系科目のディレクターも務めるスター・サックシュタインはこう言う。[*53]この怒りは、日本でも多くの教師が感じているのではないだろうか。

私は、教師教育に携わっている関係もあって、日常的に学校の教師と話す機会が多いのだが、総じて「評価」に悩んでいる。「通知表」はフォーマットというものがあり、それを埋める作業が必要だが、それが子どもたちの本来の姿を示しているのかというとそんなことはない。自分で勝手に通知表のフォーマットを変えることもできない。子どもたちの成長は日常的なものなのに、学期末の紙一枚で何がいえるのか。子どもたちがその評価を使って自立的に学んでいけるのなら意味があるが、そんな風にも使われていない。評価は何のためのものなのか、成績表は誰のためのものなのか、そんなことで教師は悩んでいる。

そもそも子どもたちは学校の成績以外にもいろいろな評価を受けている。受験勉強をしている子たちなら偏差値がある。また成績表がなくとも、非明示的に「○○ちゃんはスポーツが得意」「○○君は算数がすごくできる」というのを子どもたちは感じ取っている。さらに家庭でも「お兄ちゃんは○○なのに」「従妹の○○ちゃんは○○大学に入ったらしいわよ」と評価の攻撃は押し寄せてくる。テストで100点とれたらおもちゃやお小遣いということもあるだろう。

先生たちも評価されている。「○○先生は私たちの話をよく聞いてくれる」「○○先生はえこひいきをしない」など。もちろん校内での人事評価もある。組織に入れば、人事考課は避けられない。

評価とは何かという問いに対して、ハイ・テック・ハイは、極めて現実的に、かつ意味のあるかたちで答えてくれる。本章ではハイ・テック・ハイが評価というものをどのように捉えているのか、また、大学受験のような切っても切り離せない「世の中の評価」に対してどのようなスタンスをとっているのか。具体的にどのような考えで、どのように実践していっているかについて、伝えていきたい。

生徒中心の評価へ

まず、「評価」は究極には誰のものかと考えた場合、それは他でもない生徒一人ひとりのためのものである。そのためには、先生が生徒を評価するのではなく、生徒が自ら評価を行うという、至極当たり前の考え方に転換していかなければならない。ハイ・テック・ハイはそれを「生徒中心の評価 Student Centered Assessment」と呼び、大切にしている。

また、「生徒中心の評価」を行うにあたって、より生徒の成長に貢献するために、テストや評価は期中や期末にまとめて行われるものだという一般的な考え方も手放さなければならないと彼らは強く思っている。

評価には大きく分けて、「総括的評価 Summative Asessement」と「形成的評価 Formative Assessment」があるが、前者の「総括的評価」がいわゆる期末テストのようなもので、大学受験や企業での期中・期末の人事評価などもこれにあたる。しかし、総括的評価では、何かに現在進行形で取り組んでいるときに、その学びの価値や質を判断することができず、したがって自分の行為をプロセスのなかで具体的に変えていくことができない。みなさんも、総括的評価である学校の成績表を受け取って、成績がよくても悪くても、味気ない思いがしたことがあるのではないだろうか。それは時節外れの手紙を受け取ったときの気持ちに似ている。

一方、「形成的評価」は、随時進行する営みのなかでの評価となる。たとえばプロジェクトの進行時も常に利用され、プロジェクトをつくり上げ、進めていく過程で必要な評価である。その日その日の生徒のあり方やアウトプットなどを把握し、何が問題で、何がよいところで、どのようにしたらよいのかと考えていくことにも使われる。人間の日々の成長ということを考えた場合に、このやり方のほうがより自然であることは明白である。

ハイ・テック・ハイでは生徒の成長を促すために、総括的評価よりも形成的評価のほうが重要視されている。たとえば、プロジェクトの途中で、「プロジェクト・チューニング」というものを実施する。チューニングとは、「調整」とか「調律」という意味をもつが、プロジェクト・チューニングでは、規範(Norm)として、前章で説明した「批評」の3要素(124頁参照)を満たす必要があり、「他者評価」「自己評価」を行いながらも、人の気持ちを尊重し、単なる励ましや褒め言葉ではなく、本当の意味で人のためになるようなアドバイスがどのようなものであるかを学んでいく。

プロジェクトの最中には当然うまくいかないこともあるし、場合によってはプロジェクトをはじめからやり直さなければならないほどの危機に陥ることもある。そうした時に、生徒はチームとして、チーム外の生徒たちに自分たちのプロジェクトの概要とその時点の葛藤を伝える。聞き手の生徒たちには、理解を増すための質問や、問題を掘り下げるための質問をする時間が与えられる。その後、ディスカッションをして振り返るのが一連の流れとなるが、チューニングは使いやすいようにいくつかパターン化されていて、一つのトピックに対し、短いものは7分、長いものは35分程度のチューニングパターンを用いる。

こうしたなかで、自分自身の取り組みにどのような価値があるかを考え、自身の意思決定を振り返り、今後の自身の学びの軌道、自身の評価軸はどうあるべきかを、他者の目線も頼りにしながら考えていくのである。

こうして、ハイ・テック・ハイは「評価」というものを一つの取っかかりとして、学級経営や学校のあり方まで変革していくことを目論んでいる。

また、「評価」も「公正」の概念と直結する。もし、「評価」を生徒一人ひとりが「自分の日々の活動に照らし合わせ、何か重要なことがらを見つけ、なぜそれを重要だと感じたかを確認するもの」と考えることができれば、評価は多様なものとなる。さらに、クラスの子どもたちの「声」はすべて届けられ、価値あるものとして認められる。そのことで、生徒は一人ひとり、自分をかけがえのない存在だと信じるとともに、自分の強みを見出し、それを育てていく方法に気づくようになる。それは最終的に学校における「公正」の実現のための極めて有効な手段となる、とハイ・テック・ハイは信じているのである。

なお、「生徒中心の評価」は、生徒たち一人ひとりにとって十分な情報が必要であるとともに、協働的な営みであり、内省を促すものでなくてはならない。ハイ・テック・ハイではできるだけ多面的に生徒が自分自身を捉えることができるように、プロジェクトのなかで「自己評価 Self Assessment」と「ピア評価 Peer Assessment（peerは同等の人、仲間という意味）」を組み合わせて、上述のような教室における「公正」を実現していく。以下に、ハイ・テック・ハイでどのような「自己評価」「ピア評価」が実践され、教師がどのように関わっているかを紹介する。

２つの評価法

1．自己評価 Self Assessment

もし「批評」のプロセスによって生徒が自分のやっていること、そして自分の態度について適切に知るようになり、「評価」というものに真剣に取り組む土壌が整っていれば、「評価」によって生徒たちはより深く学び、より強いモチベーションをもってプロジェクトに向かえるように勇気づけられる。

生徒たちは、教室にそれぞれの強み、スキル、そして「好きなこと」「やりたいこと」を持ち込むが、教師は生徒自身が自分の強みを説明し、どこで自分が成長していけるかを伝えるための「言葉」がもてるように支援する。ＰＢＬにおいて、生徒たちが事前にそういった「強み」や「成長の機会」を自己評価によって把握できるようにすることは極めて重要である。そうすることによって、生徒たちはチームメンバーとして、メンバー間でサポートし合ったり、お互いの強みを最大化したり、逆に不和を減らすことができるのである。

先生たちはしばしば学年のはじめやプロジェクトの開始の前に、子ども同士が自分の強みをクラスメイトと共有できるようにサポートする。たとえば、以下のようなことが書いてある紙（各学年共通である）を準備し、生徒は自分を表しているだろうと思うものを2つ選んで、チームで話をする。そうすることによって、より効果的にメンバー同士の関係を築くことができるし、すべての子にとって、「いてよい場」のベースが構築される。

〈自分の強みを表すカードの実例〉

・私は先が不明瞭な場合でもこころが落ち着いていられる。
・私は少し難しい課題に対しても活動を続けられる。
・人を説得しうるような考えを述べることができる。
・古い課題に対し、新しい解決を見出すことが好きだ。
・複雑な状況のなかで突破口を探し出すことが好きだ。
・多くの情報を整理することが得意だ。
・複雑な情報を単純化することが得意だ。
・難しいタスクがある場合にチームメンバーを助けるのが好きだ。
・私は違う意見をもった人たちを助け、平和的解決に持ち込むことが好きだ。

また、次頁のような「コンパス・ポイント」の図をホワイトボードなどに大きく描き、自分がこのタイプだと思う象限を探し、付箋などで自分の場所を指し示し、生徒

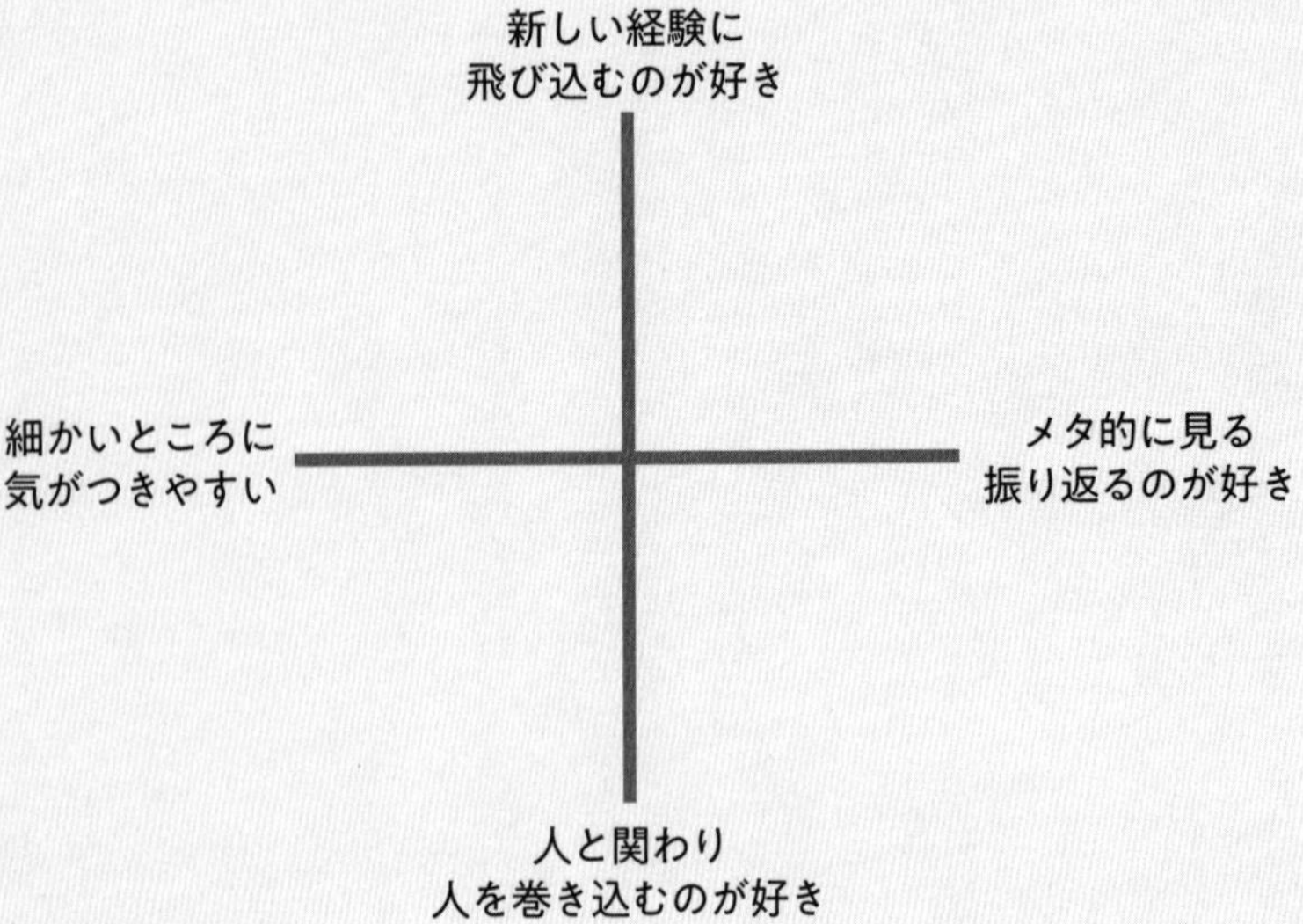
新しい経験に
飛び込むのが好き
細かいところに
気がつきやすい
メタ的に見る
振り返るのが好き
人と関わり
人を巻き込むのが好き

たちが自分の強みを可視化するアクティビティを利用することもある。

こうして、「自分は何者なのか」という問いに対して、ある程度初期的な言語化ができれば、次に生徒たちは、いま取り組んでいる「学び」というものが、自分にとって、「意味のあるものである」と明確に確認できるかどうかに進む。

・なぜ今やっていることが重要なのだろうか。
・何が私たちにこの活動に価値があると感じさせているのだろうか。
・なぜ私たちはこの活動に価値があると感じるのだろうか。
・この活動をすることで何か違いが出てくるのだろうか。
・私たちの活動は私たちの学びや世界に対しての意義からいって、どこに向かっているのだろうか。

こうすることによって、「何の能力ももたない人は誰一人としていないし、逆にすべての能力をもつ人もいない」ということを全員が理解し、誰しもが教室のなかで「自分の居場所」を見つける。そしてそこに成長の機会を見出す「公正」な場の実現がなされるし、生徒たちは、取り組むプロジェクトを「意味のあるもの」「自分自身に寄与するもの」と捉えられるように、クラスメイトや教師と話し合っていくこととなる。
なお、自己評価については、「形成的評価」が中心だとしても、三者面談の形態をとる「Student-led-conference」や、プロジェクト後や期末などに行われるPOL（学びのプレゼンテーションPresentation of Learning）というプレゼンテーション形式の総括的評価もある。POLでは、生徒はプロジェクトの過程でどのようなことを調べ、考えたか、などのプロセスをポートフォリオ（デジタルとアナログの両方ある）にまとめ、学んだことを総括して、クラスメイトや両親、保護者のいる前で発表する。

自己評価ポイント
自己評価ポイントは以下のとおり。

・重要だと考える学びのゴールやスキルにどこまで自分は到達したか。
・プロジェクトに関連する文脈・規律のなかで、どのくらい自分は開発され、成長したと感じるか。
・学びのプロセスと態度・習慣はどのようなものだったか。
・取り組んでいるものに対する気持ちや学びの経験はどのようなものだったか。
・使われている教育手法に対するフィット感はどうだったか。

・何について誇りをもっているか。それはなぜか。
・ゴールとネクストステップは考えられているか。

ちなみに、POLでは、「成績（Grade）」がつく。いわゆるABCD評価であり、大学受験にも提出されるものである。よって、POLは大学に行きたいと考える学生にとって非常に大事なものとなる。デジタルポートフォリオといって、自分の取り組んだ過程を個人のホームページにアップデートしたものも評価対象になるほか、プレゼンテーションの内容も評価対象となるため、生徒はとても緊張して臨むという。ちなみに、ハイ・テック・ハイは、「成績（Grade）」と「評価（Assessment）」は明確に切り分けて考えている。「評価」は各教師が実施する学びに合わせて設計していくものであり、「成績」は社会から求められるものである。

2. ピア評価 Peer Assessment

生徒同士の評価であるピア評価も自己評価と同様重要な位置を占め、積極的に活用されている。生徒は自分自身を評価する力をもつとともに、思いやりをもって友達をサポートし、教師とはまた違った視点からアドバイスをする力を養う。また、生徒は大人とは違った目線で仲間を理解することができ、一人の大人の教師が評価を行うよりも、よほどよい結果を残すことがしばしばある。プロジェクトの過程で、お互いの批評の時間、グループワーク、そしてクラスディスカッションの時間などがあるので、そこで適切なカードやツールを使うことで高い形成的評価を実現することができる。先に紹介したプロジェクト・チューニングもピア評価の一環である。

ほとんどのプロジェクトでは、生徒は何かをつくるために協働しなければならず、ドラフト作成や批評、見直しというプロセスの時間を一緒に過ごす。彼らはグループダイナミクスといって、集団から行動や思考の影響を受け、また集団に対しても影響を与えるという動的環境のさなかにおり、一人ひとりの生徒がリーダーシップをもって活動している。ハイ・テック・ハイでは生徒の経験の多様性を重視し、お互いの役割を理解するよう求める一方、必ずしも自分の得意分野でないスキルを身につけてもらうために、教師が生徒たちに対して以下のような役割をローテーションで割り振り、サポートすることがある。

・ファシリテーター：チームの取り組みの質向上に責任をもち、すべてのメンバーが等しく参画できるように注意を払う。
・レポーター：データを集め、グループやクラスで共有する。
・質問をする人：グループでの問いに関わり、もしチームがうまくいかないことがあったら、教師などの外部者を適切に巻き込む。
・プロダクトマネージャー：プロジェクトを進めるにあたって必要な材料などを管理し、プロジェクトのタスク管理を行う。

そのうえで、ピア評価では、以下のようなカードを生徒に渡し、生徒は2、3の質問に答えるかたちで日々の振り返りを行う。このカードのことをエグジットカードと呼ぶ。

〈エグジットカード〉
・今日、あなたにとってうまくいったことは何ですか。
・今日、チームでうまくいったことは何ですか。
・今日、学んだことを教えてくれますか。
・どうすれば今日のクラスはもっとうまくいきましたか。
・何があなたにとって難しいことでしたか。
・何があなたのチームにとって難しいことでしたか。
・あなたのグループが明日進歩するために必要なことは何でしたか。

こうした問いから、「このチームの取り組んでいることをそのまま続けてよいのか」「グループの構成はうまくいっているだろうか」「特定のクラスメイトの話を個別に聞いたほうがいいのではないか」「少し遡《さかのぼ》って考えてみたり、介入するタイミングかもしれない」などの課題を洗い出し、生徒は自分たちで問題を解決していく。

また、ソクラテスセミナー方式の対話などが行われた場合には、一人ひとりの「声」がきちんと聞き入れられ、価値あるものとして受け取られているか評価される。このエグジットが毎日行われることで、生徒たちは自分はチームの一員であるという責任感を養い、教師はタイムリーに教室で何が起きているかを把握することで、毎日の学習を意義あるものにしていく。

すべての子に「貢献」のチャンスがある

ところで、特性や障害をもった子どもたちに対する特別支援（Special Education）において、ハイ・テック・ハイは、普通クラスにすべての生徒を受け入れることを基本ポリシーとし、別クラスで授業を行う「取り出し」はほとんど行わない。もしするとしたら、生徒が心理的に非常に不安定な状態にあり、1対1などのカウンセラーとのやりとりが必要な場合や、問題行動によって他の生徒がケガをしてしまうなど限られたケースである。

これまで述べてきたように、ハイ・テック・ハイでは徹底した個別化、つまり生徒一人ひとりの個性を認め、その子らしく成長することを個別に支援する、という方法をとっており、「人はすべてユニークであり、かけがえのない個性をもつ」という考え方で、すべての子がクラスに受け入れられることになる。

ある時、私はハイ・テック・ハイの教師に「個性が非常に強く、プロジェクトをチームでやることが苦手だったり、一人でプロジェクトをやりたいという生徒が出てくることもあると思うが、その時はどのようにしているのか」と聞いたことがある。

戻ってきた答えは「だからこそ子どもたちに『選択』を与えることがとても重要になってくる。プロジェクトには多岐にわたる役割があり、そのどこかには必ず貢献できる『場』がある。それが教室で実現できなければ、社会にそういう子どもたちにとっての『場』がないということにはならないだろうか」というものだった。ハイ・テック・ハイの文化を非常によく示している意見ではないかと思われる。

2 プロジェクト型学習中心でも高い大学進学実績

大学受験、そしてテストとの向き合い方

学校で独自な評価法をとっていても、現実の世界では違った意味での「評価」がついて回り、その問題は常に教師や保護者を悩ませている。その大きなものの一つが大学受験だ。日本でも大学進学は生涯賃金を決定する重要な要素であることは、残念ながら現時点での事実であるが、アメリカでもこの事情は同じ、というより実は日本よりさらに厳しい学歴社会である。

アメリカで、大学に行かない、もしくは大学を卒業できない、ということはそのまま低賃金の、スキルアップを求められない仕事に従事し、生涯にわたって経済的に余裕のある暮らしが営めない可能性が極めて高い。日本では中学卒業、高校卒業の社員が営業などで成績を残し、大きな企業であっても部長職や役員職に昇進するケースがあるが、アメリカの場合、そういう昇進のチャンスは極めて少ない。

こうした現実を一番よく知っているのは高校生であり、「大学など行かなくとも収入面で安心した生涯を送れる」という言葉は、「あなたが世に認められるような特別な才能をもっていたら」という限定付きであることを見抜いている。

だからこそ、きれい事ではなく、人生のための学びと大学の受験勉強は両立させなければならないとハイ・テック・ハイは現実路線をとる。ハイ・テック・ハイは「人間性を高める」ことと「大学受験をクリアする」という一見相反しそうなことがらを両立させようとしている。その取り組みは非常にユニークであり、ままならない現実との交渉という意味において参考になると思うので、ここで紹介したい。

アメリカの大学受験事情

少しだけアメリカの大学受験事情について説明をしておこう。アメリカでは大学受験に際し、SAT（Scholastic Assessment Test）やACT（American College Test）という共通テストを受け、どのようなことを大学で学びたいかという大学側の質問に答えるかたちでエッセイを書き、高校時代の成績（Grade）を提出して受験をする。ちなみにSATもACTもリーディング、ライティング、数学が受験科目（理科も試験問題に含まれる）となっており、エッセイは選択式である。

高校時代の成績もスコア化されたうえで審査の対象になるため、学校の授業は真面目に受けなければならない。それに加えてエッセイで自分に何か特技があることを証明し、高校から推薦状をもらわなければならないため、課外活動やスポーツに精を出す。家庭が裕福でない場合は、高校生くらいになると、家計を助けるためにアルバイトを始めるため、さらに忙しくなる。

私は、2014年から17年にテキサス州に在住し、地元の公立高校で代理教師として教鞭をとったこともあるが、生徒たちをめぐる環境にはとても厳しいものがあった。テキサス州の場合は、公立高校の上位約10％に入っていないと、University of Texas や Texas A&M University などの州立大学には入れない。その場合、より入りやすい私学や地元のコミュニティカレッジに進むことになるが、こうしたカレッジなどに入学したとしても膨大な課題をマネージできずドロップアウトする学生は後を絶たない。ハイ・テック・ハイではそうした現実を見据え、必要な受験のためのサポートを行っている。

以上の話から、ハイ・テック・ハイも、プロジェクトばかりやっているのではなく、実は基礎学習にもかなりの時間取り組んでいるのではないかと思われるかもしれないが、そうではない。次の表は、ハイ・テック・ハイの高校の標準的な一日の時間割であるが、教科で分かれているのは、「数学」の1時間だけである。午前約2時間、午後約2時間、具体的には朝の9時半から午後2時半までがプロジェクト型学習を中心とした学びに充てられている。一見して分かるとおり、一日の大部分がプロジェクトに関わる時間となる。

ハイ・テック・ハイ高校の標準的な時間割

	チームA	チームB
8：30-9：25	数学	数学
9：30-10：25	人文	サイエンス
10：30-11：25	人文	サイエンス
11：30-11：50	ホームルーム（Advisory）	
11：50-12：30	昼食	
12：35-13：30	サイエンス	人文
13：35-14：30	サイエンス	人文
14：35-15：30	選択活動	選択活動

※ペアティーチングとして、人文とサイエンスの2名の教師が50名程度のクラスを2つのチームA・Bに分ける。この時間割の場合、人文の教師は午前はチームAの2時限、3時限を教え、午後はチームBの4時限、5時限を教える。網かけ部分はプロジェクトで学ぶ。

ハイ・テック・ハイはペアティーチングを採用しているので、50名程度のクラスを25名程度に分け、2人の先生が同じクラスを受け持つ。時間割では「人文」と「サイエンス」に分かれているように見えるが、プロジェクトには人文とサイエンスの要素が両方入っているため、教師は両チームに関わる。通常、授業は学年ごとに分けられているが、異学年で構成され、学校在籍中同じグループで過ごす「アドバイザリー」という仕組みもある。『ハリー・ポッター』のホグワーツ魔法魔術学校には「グリフィンドール」や「スリザリン」という寮がある。異学年で一つのまとまりとして在学中の数年を一緒に過ごし、毎年新入生が入り、卒業生は出て行く、という仕組みであるが、それと少し似ている。午後に行われる選択活動は日本の部活のようなもので、アカデミックなものもあれば、自分で好きな活動を立ち上げることも可能で、自由に選べるようになっている。

特筆すべき大学の卒業率

こうして、ハイ・テック・ハイは、プロジェクト型学習を中心に据えながらも、大学受験のパフォーマンスを上げていくというチャレンジを行っているのだが、2018年末時点のハイ・テック・ハイの大学進学に関する結果は以下のとおりとなった。[*54]

・96％の生徒が（カレッジ以上の）大学へ進学する。
・80％以上の卒業生が6年以内に大学を卒業している。
・38％がSTEM（Science, Technology, Engineering, Mathematics）をメジャーにした学部に進学している。
・SATスコアが平均を超えている。

このデータは州、そして国のパフォーマンスを大きく上回っているものであるが、特筆すべきは大学の卒業率である。アメリカの大学は日本の大学に比べて一般論として卒業するのが難しいとはよくいわれるが、自己管理がしっかりでき、学習のモチベーションを維持しないとなかなか卒業できない仕組みになっている。そういう条件のなかで、ハイ・テック・ハイの卒業生の8割超が大学を卒業するというのは驚くべき結果である。

また、上記のデータは、2年制のカレッジのデータも含むので、4年制の大学とカリフォルニア州立大学への進学実績を見ると、パフォーマンスが突出していることが分かる。どちらも州平均の2倍以上の割合で4年制、そしてカリフォルニア州立大学に進学している。先に述べたとおり、ハイ・テック・ハイはチャータースクールという仕組みを使った公立校であり、約半数の学生は、Economically Disadvantagedといって、

カリフォルニア州立大学への進学率
（2015～2018）

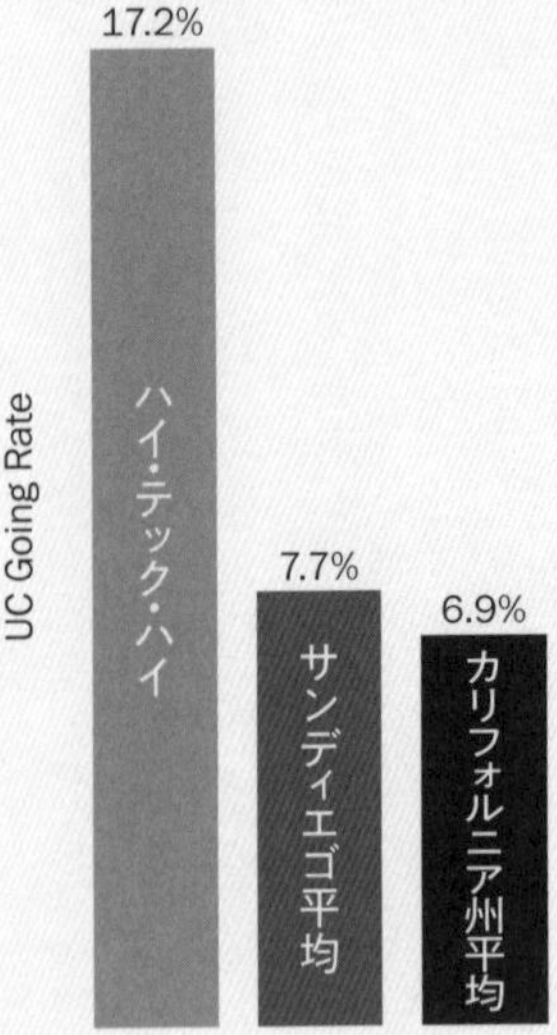

4年制大学への進学率
（2015～2018）

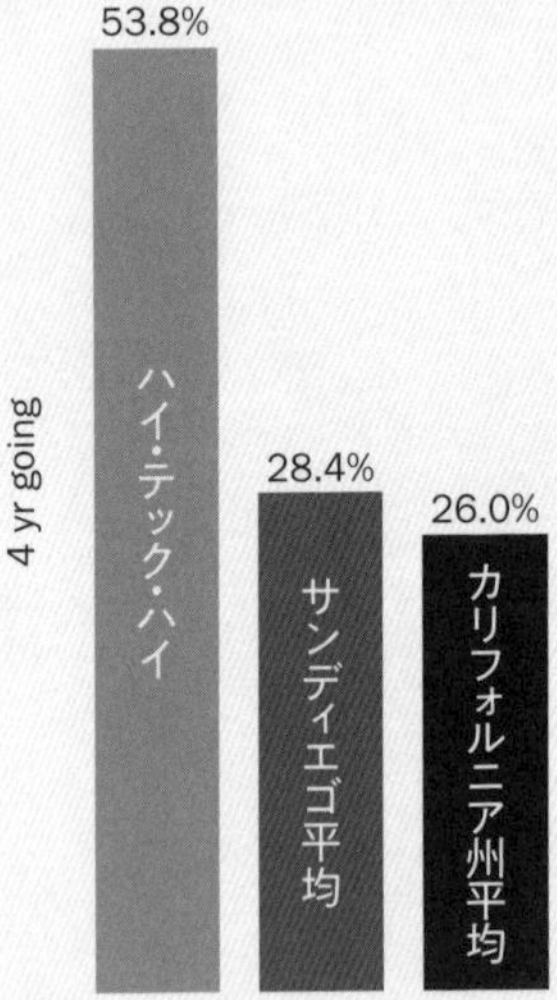

資料提供：ハイ・テック・ハイ [*55]

経済的に厳しい状況にある子どもたちが通ってきている。そうした生徒たちの多くもこうして4年生大学に進学できるということは、特にアメリカのような国では大きな意味をもつ。

PBLの教科型学習への効果

プロジェクトを中心にしながら、なぜ大学受験でいいパフォーマンスを上げられるのか。その秘密は教師へのインタビューのいくつかのコメントからうかがえる。

「よりPBLに取り組むほど、PBLは教科型学習と同じ効果があると気づきます。プロジェクトをやっているからといって学習スタンダードを満たしていないわけではないと気づきます。私のプロジェクトでは、中学2年生の読み書きの学習項目をすべて扱いますが、教科書を読む代わりに記事を読んでいるという違いです。より深くPBLを実践していくほど、学習項目を取り入れるのは簡単で、プロジェクトのゴールに向かうなかで取り入れていけばいいということが分かります」

「プロジェクトと基礎科目の学習を融合するように、とても意識しています。たとえば3年生は、プロジェクトの時間とは別に、1時間の数学の時間を設けています。他の学校と同様の学びを、より深く創造的な体験にするために、学習項目をどのようにより深い学びにつなげることができるかを検討します」

「私たちの生徒は試験でも結果を出しますが、試験の受け方を教えることに時間をあまり使いたいと思いません。試験は生徒の成功を計る一つの尺度です。その手法が得意ではない生徒もいます。大人とコミュニケーションをとる力などは試験でどうやって計るのでしょうか」

テストの点数はそのまま成績とはならない

第2章でローレンスビル・アカデミーの研究を紹介した。「知識教授型」で習ったことは3カ月もすると忘れる、というものだった。認知科学の領域ではこうした知識のことを不活性知識（Inert Knowledge）と呼ぶが、まさに「知識偏重型」の授業で自分の学んでいることの意味合いを捉えることができないまま、次から次へと「知識の暗記」をさせられる場合、モチベーションも上がらないし、短期的には覚えられても、すぐ忘れてしまう、ということが起こる。

大学受験で高得点をとるためには、長期にわたる「知識の詰め込み型」の授業が有効であると考えられている。ほとんどの大学の入学試験が「知識の詰め込み」を要求するため、子どもたちに詰め込み型を強いてきたということだろう。そうしたネガティブ・スパイラルのなかで、合理性のない授業に学校そして教師は違和感をもちつつも、日々の忙しさや組織の問題など様々な理由で深く振り返ることなく継続しているのが現実なのである。

とはいえ、プロジェクトを進めるにあたって、語彙《ごい》力が豊富である、スペルを正確に書く、計算をある程度スピーディに正確に行う、といったことのトレーニングも大事である。ハイ・テック・ハイもそれを踏まえ、特に小学校まではいわゆる読み書きそろばんである「リーディング」「ライティング」「算数」に関しては、中学・高校とは違って、約3分の2の時間が充てられている。

そして、こうした基礎科目については、ハイ・テック・ハイも節目節目ではテストを行うことがある。テストを実施するかどうかは、各教師の判断に任せられる。一般的に、経験の豊富な教師ほど、「テスト」をしなくてもプロジェクトの様子やPOLから適正な「評価」をし、「成績」をつけることができるため、テストを行わない傾向がある。ただ、いずれにしてもその運用方法は一般的なテストの常識からはかなりかけ離れたものになるため、ここで紹介をしておく。

1．グループテスト

ハイ・テック・ハイでは、テストをグループに配って、ある一定時間はそれぞれの生徒が個別に解いたのちに、その内容を持ち寄って、グループのメンバーで一緒に考えたり、教え合うことがある。それをランダムに選ばれたペアで行うこともある。こうして、お互いのことを思いやったり、「教える」という行為のなかで自己の理解を深めていくことが可能になる。

2.テストで成績をつけない

テストで成績がついてしまうというプレッシャーから生徒を解放することは重要だと、ハイ・テック・ハイは考えている。ハイ・テック・ハイでは、生徒はテストを受けるし、クラスメイトと一緒に点数もつけ、どこが悪くてどこが改善できるのかを振り返るが、その点数で成績がつくことはない。逆説的であるが、テストが直接成績に反映されないことで、生徒はテストの意味を感じ始めるという。さらに、プロジェクトを進めるなかで、テストがプロジェクトにも有益だと思えるようになると、生徒はテストに対して前向きに取り組むようになる。

ハイ・テック・ハイは評価（Assessment）と成績（Grade）を明確に区別して考えているが、この区別は非常に重要である。「成績」は大学受験のためにも必要であるが、あくまである時点における「能力の一部」を表したものにすぎない。「評価」は、自分の興味のあり方を把握し、自分のクラス、ひいては社会における立ち位置を確認し、どうすれば自分が成長するかを自ら考えていくためのものである。

余談であるが、標準テスト（アメリカではコモン・コア・テスト、もしくは州テストなど。日本ではは学力テストにあたるもの）には、もちろん公立である限りハイ・テック・ハイも対応しなければならないが、教師個々人の「評価」が「成績」に関係することもなく、これといった受験対策なども行わないという。こうした世間の尺度で問われる能力と自分自身のあり方は必ずしも一致しない、ということを明確に意識することは、他者評価に振り回されず、自分の軸で生きていくということにつながり、人生にとって非常に有益な武器となる。

3. テストに意味合いをもたせる

ハイ・テック・ハイは〝テストに注釈をつける Annotating the Test〟という言い方をするが、少し分かりにくいので、ここでは「テストに意味合いをつける」という風に捉える。「テスト」はもともと最終的な学力を判断するための「総括的評価」の要素が強いが、「注釈」を使うことで、生徒のメタ認知能力を育て、「統括的評価」を学びの過程に役立てる「形成的評価」化ができる。具体的には、教師はテストの各設問について生徒に考えさせ、生徒は、「この問題の記述の仕方で混乱した」「私はこういう問題は得意だ」「この単元はよく分かるが、こういった質問のされ方には慣れていない」などとメモをし、教師はそこから、どれだけ生徒がこの問題に向き合い、その問題において「何が分かり」「何が分からなかったか」を自己評価できているか確認する。

・生徒はテストをしながら「考えたこと」「疑問に思ったこと」「観察したこと」をメモに書き留めておく。

・そのメモをとっておく。

・テストの解答に関して、生徒は自信の度合いを何段階かに分けて自分でスコアしておく。

・そのメモ書きによって、教師は生徒が何を学んでいるのかを判断する。

4. 納得するまでテストを繰り返し受けてよい

そもそも、「同じ時期に」「同じ内容で」すべての生徒をテストする理由は何であろうか。当たり前だが、人は違う進度で、違う深さで、違うタイミングで学ぶ。そこに、同じ時間、同じ内容でテストを行い、一度もらったらそのまま放っておかれる「総括的評価」に何の価値があるのだろうか。そうした問いに向き合った結果、ハイ・テック・ハイのテストは何度でも受けることが可能であり、自分の間違いから学んでいくものになっている。こういうことからも、「総括的評価」の「形成的評価」化が可能なのである。

先生ごとに違う評価シート

ハイ・テック・ハイの「評価」について概観してきたが、特筆するべきは、ハイ・テック・ハイでは評価の「方法」は教師ごとに違うことである。キャンパスでそれぞれの先生の評価シートを見せてもらったが、ルーブリック形式のもの、日々の様子を丁寧に書いたものなど、見事に全員違っていた。教師は、自分が考える評価法を作成し、その内容はグーグルドライブに保存される。それはオープンに教員同士で確認することができる。100人の教師がいれば、100通りの評価法があるというようなこうした取り組みは、一見非常に効率が悪いようであるが、「自分の授業で何を学んでほしいか」ということを真剣に考え、「自分は子どもの何を大切にし、何を伸ばしてあげたいのか」という問いに真剣に向き合えば、当然の帰結ともいえる。

ハイ・テック・ハイは「評価の運用の仕方」については定めるが、「どの評価法を使うのか」については、まったく指示せず、完全に先生個人個人の考えに任せている。これは「評価手法」にこだわる日本ではかなり受け入れにくい考えのようで、日本の研修では「ハイ・テック・ハイで使われている評価手法を教えてほしい」という質問が必ず出るが、ハイ・テック・ハイの回答は「自分で学び、自分で選び取ってほしい」となる。

学習到達度を評価項目とレベルで表形式に表すルーブリックを含め、世の中に評価手法はごまんとあるが、ハイ・テック・ハイはそれらの評価手法に優劣をつけることはなく、その教室の特性、プロジェクトの特性を踏まえて自分で考えてください、という。これは一見厳しいことかもしれないが、上述のように教師一人ひとりが「学ぶ」ということを真剣に考え、その運用を教室で実現したいのであれば、評価手法を工夫するのは当然のことであり、その労力は惜しまないだろう。そうすることによって「教師としての喜び」を、本当の意味で感じ取ることができるのである。

なお、日本の先生たちからは「学校の通知表のフォームには従わなければならないが、どうしたらいいのか」という質問が必ず出るが、ハイ・テック・ハイの先生の回答は、「教育委員会や学校側が指定した成績評価はまず指示されたとおりにやってしまい、それとは別に自分だけの評価を行うこと、それこそが本当に自分が受けもつ生徒たちの成長をこころから喜ぶことにつながる。切り分けて考えることが必要」である。これはアメリカでも同じ状況で、多くの教育区では統一した成績フォーマットをもっているため、ダブルで評価を実施することになる。

とはいえ、日本では、2001年の指導要録から4観点、具体的には(1)関心・意欲・態度、(2)思考・判断、(3)技能・表現、(4)知識・理解が提示され、各教科(国語、算数、理科、社会など)について観点ごとに小学校はABCの3段階、中学校はＡＢＣＤの４段階で評価することとなった。[*56] この評価のために期中の子どもたちの発言などをすべて記録して、評価している先生は少なくない。

それに加えて新学習指導要領の導入で、１００文字程度の道徳所見、その他総合的な学習の時間（１００文字程度）、外国語（１００文字程度）、総合所見を加えて、多いと全部で一人あたり５００文字程度の所見を毎学期書く可能性がある。クラスに30名から40名の子どもたちがいる場合、かなりの作業量であり、ダブルで評価をしてみたらいい、という提案もなかなかしにくい。こうした日本の評価のあり方については、政府・自治体・学校それぞれのレベルで本当にそれぞれが意味のあることかどうかを考えてほしいと個人的には感じている。

6

学習し、成長する組織

すべての組織はメンバーの考えと相互作用の産物である。
組織は人々のものの考え方に従って彼らが動く様式で動く。
ピーター・M・センゲ（組織研究者）

1 自由度の高い教師たち

情熱的な先生たち

ハイ・テック・ハイを訪れるととても印象深いのが、教師が非常に楽しそうに、そして満足して仕事をしていることが、表情からはっきりと読み取れることである。教員同士が和やかに談笑している姿もあちらこちらで見かける。アメリカでは、いわゆる日本のような「職員室」はなく、教室が仕事場となるのだが、教員たちは廊下で、そしてラウンジのような場所で非常にリラックスした様子で話をしている。

また、教師たちは総じて情熱的であり、自分の教室のことを話し始めると止まらない。授業のカリキュラムについて聞いたり、子どもの様子や成長について質問を投げかけると、エキサイトして話し続ける。また、他の教師に対する信頼も厚く、たとえば本書の原稿を書いている間も、ある教師に「○○について知りたいんだけど」「こういう授業について知りたい」と質問をすると、すぐに適切な教師やスタッフにつないでくれる。優しく知性に溢れる人ばかりで、話していても本当に楽しい。

実はハイ・テック・ハイの先生は、初任の場合、ただでさえ低い公立学校の教師の平均給与よりも少なく、9割程度の額だという。しかも1年契約が基本である。では、どうして金銭面などの条件が必ずしもよくないのに、これだけ能力の高い先生が集まってくるのだろうか。どうしてこんなに次から次へと新しいプロジェクトが生まれるのだろうか。どうして学校に入ると、みんなにこやかで明るい気分にさせられるのだろうか。

このことについて、2005年から06年にかけて高校生の時にハイ・テック・ハイに留学し、現在は日本で教育にも関わっている岡佑夏《ゆうか》さんの文章がある。彼女は、ハイ・テック・ハイの10のよいところを挙げているが、その筆頭に「クリエイティブな授業、クリエイティブな生徒を育てる〝先生〟を生み出す環境」を挙げている。彼女は、本書でも何度かコメントを紹介しているハイ・テック・ハイの教師ジョン・サントスのはじめての教え子でもあり、日本での研修の時にも先生方に学校の様子を説明してくれた。ここで彼女が書いていることは*57ハイ・テック・ハイの教師像を端的に表していると思うので、整理して紹介する。

ハイ・テック・ハイの最大の魅力は、何といっても先生たちが魅力的なところだと思います。

ハイ・テック・ハイは公立でありながら、指導書がありません。「何を」「どのくらい」教えるかは、それぞれの先生の裁量に任されています。だから授業をつくり出す先生たちは、「次にどんな授業（プロジェクト）をさせようか」と、いつも目をキラキラさせながら考えています。

2018年の9月、私がハイ・テック・ハイを訪れたときも、「あの先生のクラス、見に行っておいでよ。本当にいつもクリエイティブなプロジェクトやってるから！」と言って何人もの先生が、同僚の先生のことを誇らしく語ってくれたのが印象的でした。

ハイ・テック・ハイのなかでは、どの先生がどんなプロジェクトをしているかは目に見えます。教室の壁もガラスになっていたりします。他のクラスがどんな授業をしているか、自分の取り組んでいるプロジェクトに対する生徒たちの反応はどうか。先生たちは刺激し合ったり相談しながら授業をしています。アイディアを出し合い切磋琢磨できる環境があるから、教科横断型といったコラボレーションも活発に生まれます。

＊　＊　＊

ハイ・テック・ハイの先生たちとランチをしていると、ふざけながらこんな話をしてくれました。

「他の私立の高校に行けばもっと給料はいいよ」

「みんなで転職するか！」

「でも、他の学校だったら教師をこんなに楽しめてなかったなー」

「こんなに続けられてるのは、この学校が自由にやらせてくれているからだよ」

先生たちの上にある学校組織は、現場に協力的だそうです。普段は自分にクラスを任せてくれていて、「何か困ったことはない？」って聞いてくれるそうです。

そうやって安心感のある状態で、それぞれの先生がいかんなく授業づくりに集中できる仕組みが、先生をクリエイティブにし、結果、生徒がクリエイティブになる、High Techの根幹なのだと思います。

2 常に学習する組織づくり

学習組織に欠かせないもの

ピーター・センゲ（マサチューセッツ工科大学〔MIT〕経営大学院上級講師であり、システム改革のために共同して働く人と機関をつなぐグローバルネットワーク・組織学習協会〔SoL〕創設者）は、1990年に『学習する組織』、そして2012年に『学習する組織』を「学校」「学び」に応用した『学習する学校』を研究チームと共に発表したが、組織学習の5つのディシプリンを掲げ、これらのディシプリンが「教室」「学校」「コミュニティ」の3つの場所で実行されることで、見えなかった課題に自ら気がつき「学習する組織」に変貌するという。[*58]

1．共有ビジョン

生み出したい未来のための戦略、原則、そして指針となる実践の共有イメージを育てることで、集団や組織のなかにコミットメントの感覚を養い育てる。

2. 自己マスタリー

今の現実をリアリスティックに評価しながら、自分の個人的なビジョンについて一貫性あるイメージを開発し、実践する。

3. チーム学習

「ダイアログ」「スキルフル・ディスカッション」などでメンバーの能力を足し合わせた以上の知性と能力を引き出す。

4. メンタル・モデル

「学習する学校」の場合、当惑させるようなテーマでも誰も傷つけず安心して、また生産的に話せる能力を発達させる。

5. システム思考

世界の複雑性を認知し、相互依存性や変化をよりよく理解することによって、最も建設的な変革を達成するためのレバレッジを見出す。

ハイ・テック・ハイは「学習する組織」の考え方をそのまま採用しているわけではないが、結果として「学習する学校」として機能しており、上記の5つのディシプリンについて非常にハイレベルで実行していると考えるため、本章では、各ディシプリンについて「教室」「学校」「コミュニティ」のそれぞれで、どのような取り組みがなされているかを紹介していく。

「公正」から始まる

学習する組織1．共有ビジョン

まず、これまで述べてきたとおり、ハイ・テック・ハイの「共有ビジョン」は「公正」が基軸となっており、それはすべてのカリキュラムに浸透し、公正の原則は、高いレベルで全職員に共有されている。

すべての組織は「公正の原則」に従って運営されるが、「公正の原則」は「基本理念」のベースとなるものである。すなわち組織が何のためにあり、何を生み出したいのかを定義づけるものである。それを受けてつくられる基本理念は、公式なビジョンから職務一覧にまで貫徹し、当該の組織を根本的な方法で形づくる。[*59] さらに、カリキュラムや学級編成、学校組織、生徒に提供する教育内容の構成、評価など、すべてに影響を与える。

実際のところ、ハイ・テック・ハイに関わる人たちはすべて、教師も生徒も保護者も地域も基本理念を定める「公正」という概念に意識的に、もしくは無意識に熱中しているように見える。エキシビション（発表会）では地域の企業がお金を出し、保護者もボランティアで参画し、みんなで盛り上げていく。全員が、「公正な社会」の担い手として、自分たちのできることを考え、貢献できるように工夫していくし、その取り組み自体に喜びがあるのだ。

アメリカにはもともとタウンミーティングという直接民主制の地方自治の歴史がある。第2次世界大戦時、ナチズムが台頭したドイツからアメリカに亡命したハンナ・アレントは、こうした地方自治の取り組みのなかに「公的幸福」があったと言及するが[*60]、ハイ・テック・ハイにも学校、そして社会をつくり上げていく喜びが感じられる。

学習する組織2. 自己マスタリー

『学習する学校』では、自己マスタリーを「今の現実をリアリスティックに評価しながら、自分の個人的なビジョンについて一貫性あるイメージを開発し、実践する」と定義している。そして、学校は生徒ばかりか教師や保護者を含む大人も自分のビジョンを振り返る時間をとれる状況をつくること、可能な限り真実に忠実であること、人々（子どもを含め）が何を望むべきか、世界をどう見るべきかについて（明示的にも暗黙的にも）特定の立場をとらないようにすることが必要だという。

今の学校は残念ながら、学校に行く意味合いを感じられず、人生の目標を定められない生徒で一杯であるが、真面目な生徒ほど、「先生を喜ばせる」「よい成績をとる」という自己マスタリーから離れた方向に進んでしまう。なぜこういうことが起きるかというと、教員は管理者の言うとおりに動いているほうが楽だし、生徒は先生や保護者の意を汲み取るからである。ある種の教育モデルは生徒たちの依存性を強化して、学びの喜びを奪い去ってしまう。

では、ハイ・テック・ハイではどのように生徒、そして教師の自己マスタリーを支援しているのか。今まで述べてきた「評価」の方法や「批評」のプロセスを通じて、と総括することができる。それらに自己マスタリーの要素が組み込まれていると考えるのである。

自己マスタリーについて生徒や卒業生はこのように言う。

「ハイ・テック・ハイでは自分のことをよく知ることができたと思う。何が好きで何が嫌いか、将来どうやって生きていくのか。さらに大人に対して自分の意見を言うことを恐れなくなった」

「ハイ・テック・ハイの中学校に来て最初に気づいたのは、先生たちが私のことをよく理解しようとしてくれること、私の意見を聞きたがっていること。クラスの一生徒ではなく、一個人として向き合ってくれて、学問的な勉強だけに集中するのではなく、自分自身についてクラスメイトや先生と共有し合わなければならなかったのは、私にとって新鮮だった」

「ここでは初日からプロジェクトが始まって、とても混乱しました。最初はすごく大変だったけれど、だんだんにプロジェクトに慣れ、簡単になっていきました。私は実務的なことが得意なので、自分の考えを主張したりするよりは、作ったり設計しているときに自分の長所が最も発揮されるので、こういうプロジェクトが中心の学校に転校してよかったと思います」

教育思想家のケン・ロビンソン卿がいうように、人生において一番大事なことは、「自分の才能と情熱が出会う場所」を見つけることなのであれば、まず教師がそのことに対し、真剣に取り組み、子どもたちがそうできるように精一杯の支援を行うことが必要だし、楽なほうに流れていってしまってはいけないのである。

なお、「教師の自己マスタリー」については、何を教えるのかは教師次第という圧倒的なカリキュラムの自由度があることが、非常に大きい。同じ学年で他のクラスと違った授業をやっても構わないし、評価も自分で一から考えることができる。そうした知的自由のために教師が全米から集まってきている。第1章でも触れたように、べン・デイリーは「学校づくりの基本は、教師による教育の設計」であるという。ハイ・テック・ハイに関しては、教員希望者が殺到しており、ある程度人間として成長し、自分の夢を見据えている教師、つまり自己マスタリーができている教師が選抜されているという事実はあるが、それを裏返して考えると、私学のみならず、公教育の現場においても「教師一人ひとりの人生」を尊重し、尊厳をもって教師が仕事ができるように援助をしなければ、多様性のある、創造的な教育はできないということでもある。

学習する組織3．チーム学習

ハイ・テック・ハイのカリキュラムの中心はプロジェクトであるが、前述の岡佑夏さんによると、実際のプロジェクトでチーム内で争い事が起きることは日常茶飯事だという。喧嘩までいかずとも、よく発言して動く子と消極的な子の間に差が生まれることはいつでも起きるし、現実問題として仲のいい子と組めれば楽しく、出来のよい子と組めば勝手に成績が上がり、授業に消極的な子と組めば苦労するという。

しかし、そういったいざこざやうまくいかないことこそが、グループワークの醍醐味だったという。[*61]

・普段関わりの少ない人と、どううまくコミュニケーションをとるか。
・意見が対立したときに、どう摺り合わせをしていくか。
・グループ内の関係が悪くなったときに、どうやって円滑にまとめるか。

また、彼女の話によれば、ハイ・テック・ハイの高校からの中途入学者と、たとえば小学校や中学校からの生徒では圧倒的にコミュニケーション力が違っており、プロジェクトの進行において、ハイ・テック・ハイ育ちの生徒が全体のプロジェクト・マネジメントを行ったり、理解の遅れているクラスメイトに対して個別に支援するようなことがよくあったという。

ハイ・テック・ハイ・ノースカウンティ中学のケリー・ジェイコブスはこう言う。
「私の生徒は、この地域の他の生徒と人種や経済状況などのプロファイルにあまり違いはないのですが、決定的に違うのは、彼らが学校の外に出たときに大人とコミュニケーションをとる力や自分の考えを表現する力です。彼らは他者に対してより共感的です。PBLはコンテンツを教えるだけではなく、全人的な教育をしていると思います」

また、2018年のプロジェクトで私たちが行った卒業生へのインタビューからは、こんな声が聞かれる。

「大きな違いは、コラボレーションの多さです。個人で練習問題をやり、提出し、次の項目に移ることに慣れていたので、クラスメイトと一緒に何かに取り組み、共同のプロジェクトとして何かを提出することも大きな違いでした」

「生徒に任されている部分が大きいことが好きです。スケジュールや時間の使い方を自分で決めることができる。すごく柔軟なスケジュールで学べるし、社会に出るために本当に必要なスキルが身につくと思う」

「大学に入学した最初の一学期はとても苦労しました。講義を聞いて、宿題をやって、試験を受けるという従来型の方法で学ぶのはすごく大変でした。でも、同時にハイ・テック・ハイで得た創造性やコラボレーションの力、講義で教えてくれないことをリサーチする力や、リソースを自分で見つける力がすごく役に立って、1学期を終えてからは成績優秀でした」

ハイ・テック・ハイは生徒だけではなく、教師もチームで学び合う。組織が成長するためには、教師にも成長する機会が存分に与えられている必要があることを、同校は深く理解している。後述する付属の教育大学院もその仕組みの一つであるが、日常のカリキュラム編成や教員間のコミュニケーションの仕組みとして私が特に優れていると思うのは、ハイ・テック・ハイのペアティーチングである。

第3章のプロジェクトのつくり方の項目でも少し触れたが、ハイ・テック・ハイは一人で授業を考えたり、一人の教師が1クラスをもつようなことはしない。50名前後の生徒を必ず複数名で見るようにしている。その複数名の基本単位となるのが、国語や歴史などの人文系の教師と、理科・数学などの理科系の教師のペアである。プロジェクトの設計には、このペアに加え、アートやマルチメディアの教師も参加して作成、プロジェクトの推進を支援し、協働して評価も行う。

こうした授業の協働設計（Collaborative Planning）は国際バカロレアなど、多くの先進的な教育でも取り入れられているが、ハイ・テック・ハイのペアティーチングが非常に優れているところは、単に協働することで一人ではできないことができるということ以上に、アプローチや考え方に大きな違いのある人文と理科・数学の2名の教師が一緒にプロジェクトを設計することで、自然に教科横断的になり、深みが増すことにある。さらにいうと、お互い馴染みがなかったり、自分の苦手な分野を得意とするパートナーとディスカッションを重ねることは、相手への尊敬を生みやすく、不要な対立が起きにくいということもある。まさにこうした多様性を心地よく感じ、よい関係を保つ教師の姿を間近で見る生徒のメリットは計りしれない。

ハイ・テック・ハイ・ノースカウンティ中学のケリー・ジェイコブスはこう言う。

「私は文系が専門なので言語や歴史を教えていて、ペアの先生は理系が専門なので数学や科学を教えています。アートの先生とも協働することができるので、今期はデジタルアーツの先生とも組みました。それぞれが専門の単元の進捗と内容に責任をもち、カリキュラム全体に各専門分野の学習項目を組み込んでいきました。プロジェクトが始まる前に、チームで集まって、プロジェクトのビジョンと方向性を決めます。ゴールは何か、教育的成果は何か、子どもたちに何を身につけてほしいか、どのように感じてほしいか、などを話し合います。今とてもいい先生とパートナーを組んでいるので幸運です。彼が得意なことと自分の得意なことを掛け合わせて、よりよい教育効果のために2人分の強みを発揮することができます」

ジョン・サントスのコラボレーションに関するコメントも掲載する。

「深い学びの体験をデザインする教育者にとって、最も重要なのはコラボレーションです。正解を教えてくれる本やカリキュラムはないし、誰かが教えてくれるわけでもありません。教育者が集まって自分たちの取り組みを常に振り返り、うまくいっている点と改善点を集団として評価していくことで、よりよい実践につながります。合議的なプロセスをとることが大切です」

よいチームをつくるということは、生徒レベルでも教師レベルでも必須かつ日常の命題なのである。

学習する組織4．メンタル・モデル

『学習する学校』では、私たちの行動や態度はメンタル・モデルによって形づくられるが、それは私たちが自分自身やその他の人について、また制度をはじめ世界のあらゆる物事について、こころに抱くイメージや前提、ストーリーのことだという。また、メンタル・モデルは言葉にして表されることがなく、意識の底に潜むため、あまり検証されることがない。こちらから探そうとしない限り、目に見えないともいう。[*62]

このメンタル・モデルは見えないだけに非常にやっかいである。そのなかには、「世の中には、優れた子と優れていない子がいる」「世の中には、普通な子と普通でない子がいる」「大学に行かないとよい就職ができない」ということも含まれる。顕在的に言っていることと、潜在的に思っていることが違っていることは、いくらでもある。私も「知識を詰め込むだけの学習には意味がない」「学歴はなくともよい」と考えている一方で、自分の子どもには「高校ぐらいまでは行ってほしい」「自分の子どもが大学に行きたいと言ってくれるとほっとするだろう」とつい思ってしまうことがある。

こうしたメンタル・モデルに目を向けることの重要性を指摘したのが、イヴァン・イリッチの『脱学校の社会』だと思うが、同書では、「子供は学校で学習する」「子供は学校でのみ教えられる」[*63]ということに始まり、学校は様々な「嘘」にまみれているという。また、「教育は新しい世界的宗教[*64]」であり、知識を与えることにより、子どもを消費者化させ無力化させると批判するが、こうした批判の目をもち、学校のあり方や考え方について常に問い直すことは非常に重要である。

メンタル・モデルへの向き合い方

こうしたメンタル・モデルにハイ・テック・ハイはどのように向き合っているのだろうか。映画「Most Likely to Succeed」のワンシーンに、成績のよい生徒がプロジェクト型学習ではなく、大学受験に有利な授業をやってほしいと教師に言い、教師が落胆するシーンがある。保護者に言われるのであればともかく、教え子にそういう風に言われるのはショックだろう。

学校という場所は、「生徒」「教師」「保護者」「コミュニティ」という多くのステークホルダーが密接に関係することに加え、企業のように利益を上げればよいわけではなく、存在の目的すら自身で考えなければならないため、おのずと非常に複雑で、様々なメンタル・モデルが入り乱れ、交わる場所となる。「受験勉強さえきちんとクリアできればいい」という保護者もいれば、「学校などはまやかしであり意味がない」と考える人もいるなかで、ハイ・テック・ハイを含め学校自身がどんな考えをもち、何を発信し、何をしなければならないのか、各ステークホルダーのメンタル・モデルを見極めつつ、現実世界とも交渉しながら舵《かじ》取りをしていかなければならないのである。

たとえば、知識をたくさん教えてほしいという保護者に対しては、創始者のラリー・ローゼンストックは以下のように説明するという。

「反対する親には、自身の学校生活について振り返ってもらいます。すると、そんなに面白くなかったと言うと思うので、それを指摘します。そして、全世界でPBLが始まっていること、そして全員が満足していてとても成功していることを伝えます。2番目は、このような教育を受けたほうが、トップの大学に入る可能性が高いことを伝えます」

また、ハイ・テック・ハイ・メディアアーツ校ディレクターのメリッサ・ダニエルズも次のように言う。

「私たちの重要な役割の一つは、私たちのやっていることについてきちんと親と対話していくこと。先生も含め、私たちのほとんどは伝統的な教育を受けて育っているので、学校に対する伝統的なイメージが私たちのなかに深く埋め込まれています。なので、親や地域の人と対話することを大事にしています。私たちの取り組みの意義を説得力をもって伝えて、彼らの不安を軽減するために最も強力な手段の一つは、生徒の作品の公開展示会だと思います。多くの人の反応が、『自分の子どもがこれを作ったなんて信じられない』『12歳の子どもがそれを作り出したなんて!』というものです。

これらの反応は、生徒が行っている仕事は革新的であるということを強く示していま す。親にそのことを見てもらい、彼らにプロセスに関わってもらうことが、この仕事の重要な部分であると思います」

「振り返り」と「探究」

『学習する学校』では、私たちは実は現状を正確に認識できていないことを知り、もっと役に立つメンタル・モデルを生み出す必要があるとし、その実践となる2つのスキルは、「振り返り」と「探究」であるという。[*65]

そして、深い「振り返り」と「探究」の結果、ハイ・テック・ハイが選んだ道は「学校否定」「大学否定」「評価否定」ではなく、「公正」に基づく理念を軸とした、社会の現実とも折り合う、しかし子どもたちが健全に成長する「学校」の模索だった。つまり、「学校は要らない」というイヴァン・イリッチに対して、「それなら学校のもつ福祉の機能と公正の実現はどうするのか」という反論を提示したのである。

しかし、その「学校のあり方」を考える際に、自身のメンタル・モデルに自覚的でなければ、様々なメンタル・モデルをもつステークホルダーに「学校は要らないのではないか」「大学合格率をなぜ求めるのか」「なぜプロジェクト型学習なのか」「なぜ評価をするのか」などと問われたときに、誠実かつ正確に答えることができない。また、そうした質問をされるたびに答えに困ったり、その都度返答が違ったりするようでは、信頼を得ることはできない。教師が納得して、自分の仕事に誇りをもって取り組むこともできない。だからこそ、ハイ・テック・ハイは考え抜かれた理念とカリキュラムによって、地域の保護者、コミュニティ、そして全米の先進的な考え方をする教育者たちに認められているのである。

学習する組織5．システム思考

「ある子が校庭でケガをしたので、校庭にもう一人監視人を置かなければならない。州議会では学校の事業予算の削減案が提出されそうなので、州庁に行って相談する日程も必要だ。ある親が子どもの学力を心配し、その週に面談の予定が入る」[*66]

これはアメリカの校長先生の事例であるが、このように日々の雑事に追われ、本質的に考えなければならないことが後回しになっているというシーンは、日本の学校環境でも「あるある」ではないだろうか。

こうした時にシステム思考を使う。つまり問題や目標を一つひとつ孤立した出来事ではなく、もっと大きな、普通はあまり見えない構造のなかでお互いに影響し合う構成要素として見ることが必要になる。こうした構成要素間の関係を理解し、繰り返し生じる現象や時系列で起きる出来事を俯瞰することで、目の前に見える解決策だけではなく、より本質的な解決を目指すことができる。

『学習する組織』では様々なシステムの雛形（System Archetype）や、それを利用したシステム思考の考え方やツールが紹介されているが、それと同等、もしくはより強力で簡単な方法と思われるのが、自分たちとシステムとしてつながりつつも、様々な視点をもつ学校外部の人たち、つまりコミュニティと積極的に交流することだと考える。自分（たち）の見えていないものを内省だけで見えるようになるためには、かなりのスキルが必要とされるが、自分と違う視点、考え方をもつ人が一人入るだけで、システムの矛盾点や当たり前だと思っていた慣習の歪《ゆが》みに気づかされることは多いし、そういう経験をされた方も多いのではないかと思う。

インターンシップの意義

ハイ・テック・ハイでは、「生徒」のレベルではインターンシップ、そして「教師」のレベルでは教育大学院が外の世界と積極的につながり、自身のシステムモデルを見直すきっかけとしている。その事例を紹介する。

まず、インターンシップに関して説明しよう。ハイ・テック・ハイでは高校のジュニアの学年で12週間、生徒は自分で行きたい企業や研究機関、NPOなどを探し、インターンを行う。時間的には週に2回、半日が目安である。そのためには当然、履歴書を書いたり、企業や組織とのコンタクトをとらなければならないため、履歴書の書き方演習や面接演習など学校にサポートをしてもらう。

対象企業や組織で事務作業の手伝いをすることが中心だが、インターンもプロジェクトとなっているので、企業や組織に依頼されたテーマ、もしくは自分で感じた課題を提案して、終了時までに提案書を作成し、それぞれの出先でプレゼンテーションを行っている。また、教師から出される課題もあり、「働いている人にインタビューをする」「インターン先企業の認知度を上げるためのプランを作成する」などがアサインされることもある。

週1回クラスのチーム約25名が集まり、各クラスメイトの報告からインターンシップでどんなことをしているかを共有したり、町の様々な企業や団体がどのようなことをしているのかを間接的に知ることができる。前出の岡さんは、興味のあった演劇の劇場でのインターンを希望し、当時まだ英語も完璧ではなかったため、先生の助けも借りてインターン先を決定し、そこでマーケティングの提案を行ったという。

ハイ・テック・ハイ教育大学院プロジェクトディレクターのランディ・シューラーは、インターンや日々のプロジェクトなどでつながるコミュニティの重要性について、以下のように指摘する。

「先生や生徒、親が常に意識しているのは、実社会の課題解決にどれぐらいつながるユニークなプロジェクトに取り組んでいるかということ。生徒たちが、コミュニティが今直面している課題を調査し、解決策を提供するシンクタンクとして機能しているとき、それはプロジェクトといえるでしょう。同様に、生徒たちが、非営利組織のように意義のあるはたらきをしていたら、それもプロジェクトといえるでしょう」

充実した専門家開発プログラム

こうして長年の経験を蓄積し、その学びを共有し、さらに全米の教育者とつながるために、ハイ・テック・ハイ教育大学院は運営されている。今や、ハイ・テック・ハイには全米そして海外から、教育関係者が視察に訪れる。既述のように、その数は毎年約5000名であり、学校の開いている日は約180日であるので、1日平均30名の視察者を受け入れていることになる。

また、2、3日の短期研修には、同じく全米から教員が集まり、その数は年に1500名以上。スペース的にもこれが限界だという。学校や教育区に対する研修も実施しており、2016~17年の実績で48の学校もしくは教育区、6451名に対して研修を実施した。さらに、基金と組んだフェローシップ制度を活用して、ハイ・テック・ハイの思想を十分によく参照した公立学校の設立支援もしており、ワシントンDC、ニューオリンズ、デンヴァー、シカゴなど全米各地で2018年から毎年3、4校が開校している。

ランディ・シューラーは教育大学院の役割をこのように説明する。

「教員開発、教師教育は、教育の変革には不可欠です。誰でも学校を変えることはできるけれど、最適なゴールを設定できているかは分からない。誰でも学校を変えることはできるけれど、一人で一気にやっていては成功するのは難しい。専門家開発プログラムでは、変革に挑戦する先生たちが、他校の例やモデルを学んだり、変革のためのリソース、自身の取り組みに対するフィードバックを得ることができる」

私自身も、2018年の11月にハイ・テック・ハイの教育大学院のFall Instituteという3日間の研修を受講した。学校の理念やハイ・テック・ハイのPBLで大事にされていること、PBLの設計方法や批評・評価などを学び、ハイ・テック・ハイの日本の研修に組み入れた。

3日間同じチームで過ごしたのが、ニューヨークのチャータースクールの校長、これから仲間と共にチャータースクールを設立しようとしている女性教師、サンディエゴ近くの国際バカロレア校で探究学習の設計をしている2名の教師だった。人種も文化も経験も様々なメンバーが、「教育」をテーマにいろいろなワークに取り組むなかで対話を重ねることで、私も「学ぶ」ということの多様さをまざまざと感じることができた。またその学びが海外にも知られ、日本に研修が導入されるなど、国を跨いだ教員同士の関係が構築され、新たなエコシステムが生まれていることも、ハイ・テック・ハイが目指していることの一つだろう。

教育大学院は研究機関としても機能しているため、常に新しい学びを研究し、理論と実践をつなげている。ハイ・テック・ハイの教師も大学院で学び、それが昇進につながることもある。このように、内部に研究機関をもつことが全体としてハイ・テック・ハイの学びを支え、成長させていくのである。

どんな人がハイ・テック・ハイの教師に向いているか

本章の最後に、2018年にハイ・テック・ハイを訪れたときに、メリッサ・ダニエルズにディレクターとして、どのように教師を採用し、育成していくのかを聞いた際の回答を紹介する。

Q1．先生たちを自由に楽しくイノベーティブな挑戦に導くための、ハイ・テック・ハイ独自の人事制度・ルール・関わり方は？

「フォーマルなものがあるわけではありませんが、リスクを恐れずやってみる、言ってみる（提案・プロジェクトなど）。うまくいく場合もいかない場合もチャレンジすることを恐れない、そのような文化があると思います。管理職としては、そのための環境

教育大学院での研修の様子。真ん中がチャータースクールの校長、左がこれからチャータースクールを立ち上げようとしている教師、右が筆者（撮影：ハイ・テック・ハイ）

をつくることがとても大事です。リスキーかなと思いながらもリスクを恐れず、同時に振り返るような文化をつくっていっています」

「ルールや制度は、少し危険な側面をもっています。生徒も先生も、柔軟性を保つために、ガイドラインを示さないようにすることが必要だと考えています。枠のなかでやり切るのではなく、枠を外すこと（Think outside of the box）ができるようにしています。こういうことをガイドラインで示すと却ってできなくなるのです」

Q2．先生にとって一番大切なことは何ですか？

「一番大事なのはコラボレーション、コミュニケーション、チームワークです。始業の1時間前に集まってミーティングをしています。また、新任の先生は、新学期の3週間前から来てもらい、生徒の立場で授業を体験してもらっています。そのあとにどういう風にプロジェクトを進めているのかを理解してもらう場をつくっています」

「チームティーチングをとても大切にしています。そしてその軸となるのは、人文系・理科系の2名のペアティーチングです。教師同士が同じ意識をもって、同じ方向性（目標）に向かって一緒にやっていくことが大事です」

Q3．どういう先生がPBLに向いていますか？

「当然ですが、子どもが好きなこと、子どもの可能性を信じられること、子どもたちの個性や成長に対する深い尊敬を抱いていることです。さらに、プロジェクトベースの学びでは、予想外のことがいつでも起こるため、こうでなければならないという考えを手放す必要があります。思うように進まないことに対応できることが大事です」

Q4．先生たちが失敗することを恐れない文化をつくるために何をしていますか？

「コラボレーションがとても重要で、リスクを恐れない気持ちをつくるために必須の要素です。あとは励ますこと、先生がチャレンジするときに一緒に考えてリソースを確保しようという姿勢を見せること、振り返る習慣をつけることが大事でしょう。管理職として、励まし、振り返り、チャレンジを繰り返す文化をつくることがとても大切です」

「先生たちは、自身の専門ではないスキルやツールを使ったプロジェクトをデザインすることが多々あります。リスクを恐れず新しいことに挑戦する姿勢が求められます。学校管理職の役割は、先生たちがリスクをとれる支援体制を整えることなのです」

こうして、リスクを恐れず、常に変化していく動的なシステムを徹底的につくることがハイ・テック・ハイの組織の魅力であり、最大の強みなのである。

7

日本の学校への応用

教育とは愛の行為であり、したがって勇気の行為である。
抑圧された人たちがどこにいたとしても愛の行為は
自由の萌芽に対する責任ある関わりである。[*67]
パウロ・フレイレ（教育思想家）

これまでハイ・テック・ハイの理念とその学びについて概観してきたが、最後にその背景にあるアメリカの社会的な事情と日本との差異について触れつつ、日本での探究する学び、そしてＰＢＬの応用可能性について少し触れていきたい。私が主宰する「こたえのない学校」という団体では、「探究する学び」を現場で実践できるようになるための Learning Creator's Lab という1年間の教育者育成プログラムを実施しており、全国から公立・私立を問わず、幼・小・中・高の教員が参加する（民間教育者や企業人にも参加枠がある）。

毎年30名程度が参加するが、メンバーは「探究」に関わる基本的な理論や、世界的にも認められた探究学習のフレームワークなどを直接実践者から学び、概観したうえで、実際にチームを形成し、自分たち自身でプロジェクトを立ち上げる。

たとえば、あるチームはメンバーの一人が民間教育活動をしている鳥取県西伯《さいはく》郡南部町に全員で行って、現地の子どもたちと町を歩き、その土地ならではの発見をした。そのほかボードゲームを開発したり、中学校の敷地に小さな家を建てたり、あるいはナラティブインクワイアリーといわれる手法を用いて、ある特定の子の変化とストーリーを丹念に追ったチームなど、その試みは様々である。

実は、プロジェクトを進めて分かることだが、途中で経験することは、大人も子どもも変わらない。ハイ・テック・ハイに留学した前述の岡佑夏さんが経験したように、実際のプロジェクトがうまく進まないことは日常茶飯事である。意見が対立したときや、モチベーションが下がっていくメンバーが出てきたとき、どのように対処するか、毎年メンバーは頭とこころをすり減らす。プロジェクトの先が見えず、「真っ暗ななかを歩いているような気がする」こともある。

しかし、プロジェクト型学習の経験がないのであれば、いったん「学び手」としてゼロから経験することはとても大事である。自ら「探究する学び」や「プロジェクト型学習」を経験することで、その意味するところをつかむ。だから、Learning Creator's Labでは、素晴らしい最終発表をすることよりも、そのプロセスと経験を大切にしている。

ところで、理論や実践紹介については、ハイ・テック・ハイを含めて欧米のほうが使えるフレームワークやツールが整っていることが多いこともあって、どうしても導入に偏りが出てしまう。

一方で、多くの教師から「欧米型の教育手法の単なる輸入だけではなく、日本らしい実践というものは模索できないのか」と意見も寄せられた。では、「何が日本らしい実践なのだろうか」という問いについては、実は私自身がまさに探究中であり、紙幅的にもその問いに対する十分な答えを提示することはできないが、まず取っかかりとして、本章では以下の2点についてお伝えしていきたい。

1. アメリカでも様々な社会的課題を抱えているが、そのなかでも「探究する学び」やPBLの実践の模索は続いている。どのような環境でも実践は可能である。

2. 日本でも優れた「探究する学び」は存在し、歴史的にも高い評価を受けてきた。現在も新しい学びのあり方が提案され、実践されている。

1 教育現場の抱える課題

学校の都合を優先

「ある教員が自分のクラスに18人の子どもを抱え、そのうち15人に異なるタイプの『学習問題』があるという。だが、1学級の子どものうちの4分の3が『普通ではない』とは一体どういうことか。むしろ『普通』とは一体何かを私たちに問いかけているのではないか。（中略）私たちが『学習障害』と呼ぶものは、実は今の教育プロセスと人間の間の不適合を表すにすぎない。なぜ、人間ではなく、教育プロセスのほうを『障害』と呼ばないのか」[*68]

これは『学習する学校』で紹介されているアメリカの一つの事例であるが、「学習障害」のような子どもにつけられるレッテルは、子どもの多様性を無視して、こちらの要求に合わせようとする組み立て作業ライン型の学校教育から生まれたものである。にもかかわらず、「学習障害」「発達障害」と診断された子どもたち、そしてその保護者たちは「自分たちが悪い」と長い間思い込まされてきた。組み立て作業のラインに乗る「学校の考える正規品」だけが正しいという考え方はどう見ても異常だが、そういった馬鹿げた考えは、アメリカだけでなく日本でも当たり前のように受け入れられてきた。

さらにアメリカでは、標準テストの平均点を下げないために、子どもたちの健康を損なうようなことも起きていた。リタリンという注意欠陥・多動性障害などの症状を抑える薬があるが、*69 ピーター・センゲは『学習する学校』のなかで、多くの教員から教室の生徒のうち10%から20%がこの薬剤に依存していると聞いたと書いている。私も、アメリカ在住時に所属していたテキサス州コンロー教育区の特別支援ディレクターにインタビューをしたときに、標準テストの平均点を下げないために、ADHDなどの診断を多くするというようなことが10年ほど前までは横行していた、と認めた。つまり、特別支援のカテゴリーとなると、テストの平均を割り出す母数から除外されるから、学校にとって好都合なのである。その結果、一時期、特別支援の対象者が20%近くまでに上がったと言っていたので、上述の割合と数値的に合致する（現在、テキサス州ではこの数値が8・5%以上にならないようにコントロールしている）。この薬が必ずしもいけないというのではないだろうが、不必要な子どもにも薬剤が投与されていたという事実は明らかだ。

学校を序列化する

こうした問題には、アメリカでは、標準テスト（日本では学力テストにあたる）のあり方が大きく影響していたと捉えられている。1990年代、学校のアカウンタビリティ（説明責任）の議論が浮上し、当時のブッシュ政権のもとで2002年にNo Child Left Behind Act（以下NCLB法、落ちこぼれをつくらないための初等・中等教育法）が制定された。しかし、この法律は、名前は美しいが、要は標準テストに基づく教育改革の徹底を目指すもので、テストの実施結果を公開したうえで、芳しくないパフォーマンスの学校にはテコ入れがなされるというものである。

Great Schoolsなどの誰もが見られるインターネットサイトでは、標準テストの結果を踏まえ、各学校をたとえば1点から10点にスコアリングして公開している。教員だけでなく保護者も子どもも、自分の所属する学校の点数が何点なのか、一瞬にして分かってしまうのだ。

収入のある家庭は当然、点数の高い学校のある学区に引っ越すだろう。逆に貧困地域の子は、1点から3点のスコアの学校に通うことになる。これはアメリカの日常の風景だ。

こうした評価をベースに、適切な年次進捗（AYP）のない学校は懲罰が与えられ、最悪の場合は存続ができない。

アメリカの公教育は危機に瀕している。グローバル化、ＩＴ化が進展して産業構造が変わり、今の学校のカリキュラムをマスターしたからといって、将来を約束されるわけではない。アメリカの国際的な学力パフォーマンスの低さは深刻な問題となっている。連邦レベルではＯＥＣＤ（経済協力開発機構）の主要科目のＰＩＳＡ（学習到達度調査）スコアが参加国の平均を割り、ヨーロッパ諸国のほとんど、オーストラリア、カナダ、アジア主要国に遅れをとっている。

ＮＣＬＢ法が導入されても、ＰＩＳＡでのパフォーマンスにあまり変化がなく、ＰＩＳＡ２０１２年のレポートでは、連邦レベルの数学のスコアは平均以下のパフォーマンスで、特にベースラインであるレベル２を満たしていない子どもの割合は２００３年から改善が見られない、と厳しい指摘をしている。つまり、ＮＣＬＢ法では教育格差の問題は解消していないということである。

劣悪な職場環境

また、アメリカの義務教育の教師の待遇も決してよくない。ＯＥＣＤによる２０１９年の調査においても、[*70]アメリカの教師の給与はＯＥＣＤ各国の平均より低く、その給与だけで家計を賄うこともままならないレベルとなっている。夏休みが長く、

6月上旬から8月下旬まで3カ月弱あるが、年間契約でその間に給与が出ない州も多く、先生は複数の仕事をアルバイトとして掛けもちするケースもある。実は私の娘が3年生の時の担任教師が少し離れた町のスーパーでレジ打ちをしているのにたまたま出くわしてしまい、こちらがうろたえてしまったことがあったが、そういうことが常態化している国でもある。

翻って、日本も様々な問題を抱えている。一つは、教員の働き方の問題である。昨今、教師のなり手がいない、教師はブラックな職業だなどという記事を見かけるが、実際にマクロとしてのデータでも教員採用試験の倍率は近年大きく下がっている。もちろん、定年による退職数も増えており、その穴埋めのため募集数が増えているという背景もあるだろうが、2019年の東京都の小学校の教員採用試験の倍率[*71]はとうとう2倍を切り、1・8倍となった。

2 日本でもプロジェクト型学習は可能

教職を敬遠する学生たち

参議院文教科学委員会調査室の川崎祥子氏の指摘[*72]によると、2016年度の勤務実態調査では、公立小学校の約3割、公立中学校の約6割の教諭の1週間あたりの勤務時間が、いわゆる「過労死レベル」に達していることが明らかになった。このように多忙な教員の現状から学校現場に対する「ブラック」なイメージが広まり、学生が教職を敬遠する傾向にあると考えられる、と同氏は指摘する。

特にこの1、2年、私の周りでも公立から私学に転職する先生が後を絶たない。昨年の秋冬だけでも、どれだけの先生から「私学に行く」「声をかけられて迷っている」「辞める」という声を聞いたか、数えられないほどである。もともと公立校の教師になりたくて仕事も好きなのに、自由度のない職場で我慢に我慢を重ねて、最終的に決断した状況を聞いてしまうと、私も引き止めることはできない。教員採用試験の倍率が下がると、休職者が出た場合、補充は試験に合格できなかった人から臨時採用されるが、東京都などではそもそも臨時採用の対象者の数が激減しており、欠員が埋まらず、妊娠・出産や体調不良などで休職の先生が出ても、現場の教員で何とかカバーしなければならないという状況もよく聞く。

肯定感の少ない教師と生徒

日本の国際的な学力パフォーマンスは非常に高く、2018年のOECDのPISA調査[*73]によると、数学的リテラシーおよび科学的リテラシーは、引き続き世界

各国の18歳の意識調査（各国 n=1000）

	自分を大人だと思う	自分は責任がある社会の一員だと思う	将来の夢をもっている	自分で国や社会を変えられると思う	自分の国に解決したい社会課題がある	社会課題について、家族や友人など周りの人と積極的に議論している
日本 (n=1000)	29.1%	44.8%	60.1%	18.3%	46.4%	27.2%
インド (n=1000)	84.1%	92.0%	95.8%	83.4%	89.1%	83.8%
インドネシア (n=1000)	79.4%	88.0%	97.0%	68.2%	74.6%	79.1%
韓国 (n=1000)	49.1%	74.6%	82.2%	39.6%	71.6%	55.0%
ベトナム (n=1000)	65.3%	84.8%	92.4%	47.6%	75.5%	75.3%
中国 (n=1000)	89.9%	96.5%	96.0%	65.6%	73.4%	87.7%
イギリス (n=1000)	82.2%	89.8%	91.1%	50.7%	78.0%	74.5%
アメリカ (n=1000)	78.1%	88.6%	93.7%	65.7%	79.4%	68.4%
ドイツ (n=1000)	82.6%	83.4%	92.4%	45.9%	66.2%	73.1%

出典：日本財団

トップレベルとなった。読解力が前回調査より下がったものの、ＯＥＣＤ加盟国のなかでは数学はトップ、科学的リテラシーは2位となっている。

しかし一方で、２０１９年11月に発表された日本財団による18歳の意識調査の結果（前頁参照）を見ると、非認知能力に対するなどの項目においても比較9カ国において大きく差が開き、最下位の結果が出た。たとえば、「将来の夢をもっている」と答えた18歳の割合は、日本以外の各国の9割前後が「ある」と答えたのに対し、日本は6割程度である。また、「自分で国や社会を変えられると思う」と答えた割合は、各国高いところでは7割程度、低めでも4割程度の学生が「はい」と答えたのに対し、日本の学生で「はい」と答えたのは2割を切った。

こうしたデータは内閣府の調査、ＯＥＣＤの調査でも似た傾向が出る。たとえば、内閣府平成26年版『子ども・若者白書』によると、自分自身に満足しているかどうかという質問や、憂鬱だと感じるか、うまくいかないことにも取り組むかどうか、などの項目で、７カ国比較でやはりダントツの最下位となっている。

また、日本の教員の自己肯定感も海外比較で極めて低い結果が出ている。ＯＥＣＤ国際教員指導環境調査（ＴＡＬＩＳ２０１８）によると、たとえば、「生徒に自信をもたせることができる」と回答した教師の割合は、参加国全体で86・３％であったにもかかわらず、日本の教師の割合は24・１％にとどまる。また、「生徒に学習の価値を見出すように手助けできる」とした教師の割合は参加国平均が82・8％であるのに対し、日本の教師は33・9％にとどまっている。

調査結果を見ると、日本の子どもたちは社会変革の意思が弱く、自己肯定感も低いことが分かる（それはとりも直さず、社会とのつながりの弱さでもある）。これは、生徒にとって学校が「自分の才能と情熱が出会う場所」として機能していないことを意味する。それは、未だに知識伝達を是とする「メンタル・モデル」が壁として邪魔をしているのだが、実は越えられないと思っている壁は自分自身がつくっているかもしれないのだ。

PBL導入にあたっての日本の状況

日本の学校でプロジェクト型学習を実施する場合に、学習指導要領を無視するわけにはいかないため、少しここで触れておく。

２０２０年から、新学習指導要領改定が本格的に始動した。小学校が２０２０年度から全面実施、中学校が２０２１年度から全面実施、高校は２０２２年度に入学した生徒から年次進行で実施となる。*74 そして、学習指導要領は、およそ10年に一度の改定なので、新学習指導要領の考え方は、何か大きな変化がない限り、２０３０年に向けて基本的な方針になると考えられる。

今回の改定の中心的な考え方は、「よりよい社会をつくるという目標を共有し、社会と連携・協働しながら、未来のつくり手となるために必要な資質・能力を育む〝社会に開かれた教育課程〟の実現」である。それに向けて、各学校でカリキュラム・マネジメントが行われることが求められる。

まさにハイ・テック・ハイで実践されているように、コミュニティを巻き込み、自らカリキュラムを編成し、実施し、評価・改善を計画的かつ組織的に進めることが要求されているのだが、その時に必要な要素として新学習指導要領においては以下の3つが示されている。

1．何ができるようになるのか

知識・技能はもちろんのこと、理解していること、できることを実際の社会に役立てるための思考力・判断力・表現力、社会・世界と関わり、よりよい人生を送るための学びに向かう力や人間性が求められる。

2．何を学ぶのか

小学校の外国語教育の教科化や、高校の新科目「公共」が新設され、各教科で育む資質・能力を明確化し、目標や内容が構造的に示される。

3. どのように学ぶか

「主体的・対話的で深い学び」が求められる。特に高等学校学習指導要領の改訂[*75]では、生徒たちを生涯にわたって探究を深める未来の学び手として社会に送り出していくことが、これまで以上に求められることになる。生徒が各教科・科目などの特質に応じた見方・考え方をはたらかせながら、知識を相互に関連づけてより深く理解したり、情報を精査して考えを形成したり、問題を見出して解決策を考えたり、社会に対して何かを創造していくことが求められる。

高等学校の「総合的な学習の時間」は、2022年度から「総合的な探究の時間」に変更され、生徒が主体的に課題を設定し、情報の収集や整理・分析をしてまとめるといった能力を育んでいくことになる。学習対象や学習領域を特定の教科や科目などにとどめず、自己のあり方、生き方と一体的で不可分な課題を発見し、解決していくことが期待される。さらに、自立した人間として他者と協働しながら創造的に生きていくために、何事にも主体的に取り組もうとする意欲や多様性を尊重する態度、他者と協働するためのリーダーシップやチームワーク、コミュニケーションの能力、豊かな感性や思いやりなどが、求められる資質・能力として設定されている。

小・中学校ではすでに「総合的な学習の時間」の実績がある。その授業で何がなされているかというと、文部科学省の調査によると、小学校では環境や地域の人々の暮らしなどのトピックが多く、他のテーマもバランスよく扱われている。中学校では自身の生き方を考えたり、地域の職場体験をするなどのキャリア教育が増えている。[*76]

プロジェクト型の学びは文科省としても求めている学びであり、学習指導要領を読み込み、各学校が適切なカリキュラム・マネジメントを行うことで、ハイ・テック・ハイのようなプロジェクトの作成は十分可能である。

日本でのプロジェクト事例

ハイ・テック・ハイ現地教員による3日間の日本国内での研修は、経産省の事業として2019年1月、そして7~8月には新設法人 Learn by Creation のほうで実施したが、どちらの研修でも事後のアンケートから以下のような声が聞かれた。

「やり方が見えてきて、やってみようという気持ちが増した。PBLに対してとても難しいもののようなイメージがあったが、今やっていることをブラッシュアップしていけばよさそうだと思うことができた。想定していたよりチャレンジしやすいものと強く感じた」

「PBLを軸に据えた学びの場が、生徒の生きる力につながるという確信を得た」

「今まではPBLと学問的な授業は共存できないと思っていた。しかし、PBLのな

2019年1月の研修の様子。前列真ん中にジョン・サントスとジャメル・ジョーンズ（撮影：研修スタッフ）

かで学問的な学びもできること、学問的に厳密で意義のある豊かな学びの経験をデザインすることの大切さを学んだ」

「プロジェクトプランは完璧にしないといけないと思っていたが、プロジェクトが終わったときに完璧になるというプロジェクトデザインに関する捉え方を学んだ」

「今まで何となく分かったつもりでいたが、踏み出せずにいた。しかし、踏み出す勇気のようなものをもらった」

様々な回答があったが、多かったのは、「難しく考えすぎていた」という声だった。「映画を見たときよりも、今の職場でも実践できそうな気持ちが強くなった」という声もあった。

ここで、ハイ・テック・ハイの研修後に生まれた実践のうち、公立小・中学校それぞれ1校ずつ事例をご紹介したい。なお、この実践は、教育委員会の派遣ではなく、自主的に研修に参加した教師が提案した授業である。

小学校4年生総合「コンビニから世界を考え、発信しよう」

小田原市の小学校では、2019年後期に、総合的な学習の時間を中心とした「コンビニから世界を考え、発信しよう」というプロジェクトに4年生が取り組んだ。特徴的なのは、担任の渡辺真紀子教諭がハッカソンという多様な人々が集まり、新しい

店舗のミニチュア模型を企画する子どもたち（撮影：渡辺真紀子教諭）

学びを企画する場で知り合った空間デザイナー、民間教育事業、ＩＴ企業のサービス企画担当者と共に、プロジェクトを企画・立案し、彼らがほぼ毎週来校して子どもたちの学びに直接関わったことである。*77 最初にものづくりや空間デザイン、世界を知るワークショップを実施した後、班に分かれてイタリア、インド、ウガンダ、ペルー、ロシアの小学生の生活について調べ、その小学生の家族のニーズに合ったコンビニをそれぞれデザインしていった。

学習発表会では、製作したミニチュアのコンビニ店舗を見せながらブースごとに他学年や保護者、地域の方々に自分たちの言葉で発信した。渡辺教諭は、「すてきな大人たちに出会えたことで子どもたちの視野が広がった。個々の思いがぶつかる場面を乗り越えて、よりよいものをつくる体験を通して、考える力、話し合う力がついたと子どもたち自身が実感し、助け合うよさや友達と活動するよさに気づくことができた。社会と連携・協働する学びは、これからの学校に欠かせないものだと感じている」と話す。

また、ハイ・テック・ハイでの学びは、教師という仕事の本来的な楽しさややりがいを再確認させてくれ、自分を社会とつながる探究者に変えた、と言う。

中学1年生理科「音をつかまえよう」

ハイ・テック・ハイの研修時、同じチームで学んだ神奈川県海老名市の中学校教諭深谷《ふかや》新《あらた》氏と東京都三鷹市の小学校教諭柳下《やぎした》将《しょう》氏は、学んだ内容を踏まえ、協働して1年間のプロジェクトを立ち上げた。対象は神奈川県公立中学校1年生の１９０名。問題行動が多発し、落ち着いて授業や学校生活を送れなかった時期もあったが、最近は比較的落ち着いてきている。

生徒たちは学年のはじまりでは、「問い」を立てることができなかったが、1年間を通して「植物の世界」「身の周りの物質の世界」、そして「光の世界」などのテーマでＰＢＬに基づく探究的な時間をもった。その結果、自ら生み出した「問い」に向かって最後まで粘り強く探究しようとする力が格段につき、授業をこころから楽しむようになった。

ほかに「音をつかまえよう」というタイトルでＰＢＬを実施し、授業時間数はトータルで12時間、そのうち計画に2時間、探究活動に6時間、振り返りと知識の定着に4時間を使った。研修で学んだように、認知能力だけではなく、情緒や手を動かすことをより意識し、「音をつかまえる」ことを表現するプロジェクトを立ち上げた。

そして、失敗を認識し、対応し、学びを得る力がある、ハイ・テック・ハイのいうところの「失敗の鑑定家」になるべく、生徒たちは、果敢に対話を通して挑み、何度も起きる失敗に価値を置き、失敗から学んだ。生徒による振り返りでは、「問いを生

共鳴する道具を製作し、音をつかまえる８回目のトライ（撮影：深谷新教諭）

み出す力」「ものごとを探究する力」「仲間と対話する力」が身についたと感じた生徒はいずれも85％以上となった。

新しい学びのスタイルなので学外の実力テストの成績が落ちるのではないかと心配したが、例年並みで大きな変化はなかったとのことである。

学習に対して無気力であったり、自己肯定感が低いために自ら生み出すものに自信がなかった生徒が、こたえのないものを仲間と共に創造し、探究していく楽しさを実感し、時間を忘れて没頭する姿は、一斉授業では生まれないものであり、この喜びを味わうと、もう元の授業には戻れないという。

教育委員会の試み

また、2018年末のハイ・テック・ハイ現地視察および2019年1月の研修に参加した長野県教育委員会、広島県教育委員会、埼玉県戸田市教育委員会では、事後研修会や報告会、教育懇談会などが実施されている。

長野県教育委員会では、現地視察に参加した長野県教育委員会事務局高校改革推進役の内堀繁利氏、長野県白馬高等学校・浅井勝巳教諭、軽井沢風越学園・根岸加奈教諭などが報告会を行った。その後、県立高校の教員3名を現地の教員研修に派遣することを決定。公募を経て、飯田風越高等学校、松本県ヶ丘《あがた》高等学校、野沢北高等学校の教諭3名が、2019年9月に3日間、現地視察をし、ハイ・テック・ハイによるPBL研修に参加した。

広島県教育委員会では「Most Likely to Succeed」を視聴したうえで、この映画のなかで取り組まれているPBLの事例について、平川理恵教育長を囲んでフリートークを行い、これからの広島県の学校教育のあり方を考えるワークショップが実施された。こうした様々な取り組みのなかで、各学校において総合的な学習（探究）の時間を中心に、PBLを意識した実践がなされている。

戸田市教育委員会でも、報告会・研修会が実施された。同教育委員会は「戸田型PBL」を推進し、戸田第二小学校、戸田東小学校などで研究が進んでいる。2018年の現地視察に同行した戸田第一小学校の高橋博美校長も生活科・総合的な学習の時間を核に、教科をつなげて学びを深め、実践させていきたいと言う。

これらの自治体では、プロジェクト型学習の積極的な開発・研究・実践が着々と進んでいる。

チューニングが効力を発揮——私学での試み

私学では、京都の同志社中学校で長期計画委員会委員長を務める技術科の沼田和也教諭は、「ハイ・テック・ハイの研修を受けて、授業デザインの視点が広がった。また、より多くの同僚との対話、学外とのつながりの拡大など、特に気持ちの面での励ましとか行動の加速力をもらった」と言う。学校内でも教科横断の取り組みが活発化し、国語と技術科が一緒になった「ものづくりと言葉のもつチカラ」など、様々なプロジェクトが生まれている。

それぞれの科目を担当している教員は、そもそも「教科」という〝お城の主〟の感覚があり、どんな思いで授業を設計しているか、生徒にどんな経験をしてもらいたいと思っているかなどについて、かつて同僚同士で話し合うことはあまりなかったが、それぞれが「悩む」ことを通して、「協力する発想」をもてる状態になってきていることが嬉しいと言う。

2020年4月に開校した軽井沢風越学園や東京のかえつ有明中・高等学校では、プロジェクトの質を高めるためのプロジェクト・チューニングが現場でどんどん活用されている。

かえつ有明中・高等学校の佐野和之副教頭は、「プロジェクト型学習では、自分の思いが強ければ強いほど、こだわりがオンリーワンのアイディアになることもある一方、独りよがりになってしまうこともある。自分のプロジェクト・アイディアを出す側も一緒にチューニングする側も、楽しみながら多様な視点を貰うことで自身のアイディアをより広げることが可能になることを体感的に理解するようになっている。お互いにアイディアをチューニングすることで、自分たちの学びの場を自分たちでつくり上げていっているという感覚が高まっていっていると感じる」と言及する。

プロジェクト・チューニングは、授業をよりよくすることに焦点を当てているので、当事者同士の批判になりづらく、前向きに検討できるという声が多い。普段の授業検討会の振り返りに比べて受け取りやすいと感じている教師も多いようだ。

横浜創英中・高等学校では、プロトタイピングやフィードバックの手法が取り入れられている。教育開発部長・粕谷憲義教諭はまずプロトタイプを作ってやってみること、反復すること、適切なフィードバックを互いに与えて共に学ぶこと、といった学習サイクルと協働に関するマインドセットの醸成に取り組んでいると言う。

東京の新渡戸文化学園の村上奈麻子教諭は、「プロジェクトを軸とした複数教科横断の学びの時間を実践しているが、生徒の自主性を重んじ、『したい』を大切にし、口出しをしすぎずに待つなど、生徒と向き合う姿勢を大事にするようになった」と言う。

工業技術の高度化に対応する技術者の育成を目的とする高等専門学校や、工業系大学の付属校、2014年よりスタートした大学・研究機関・企業などとの連携の強化により、専門的職業人の育成を図る「スーパー・プロフェッショナル・ハイスクール」では、もともとプロジェクト型の学習がされており、さらなる授業の改善のために役立てられている。

これ以外にも様々なPBLの取り組みが生まれており、すべてをここで紹介することができないのが残念でならない。いずれにせよ、メリッサ・ダニエルズやジョン・サントスの言うとおり、日本でもPBLは「可能」なのだ。

60年以上「通知表」のない長野県の小学校

上記のような研修後のコメントや実践を見ていても、日本の教師は非常に優秀で、高いポテンシャルをもっていることは確実だが、もともと日本には数々の優れた「探究する学び」の実践があった。

その一つが長野県伊那市立伊那小学校である。この学校には60年以上、「通知表」がない。1956年（昭和31年）から従来の通知表が廃止され、その代わりに期末懇談会を新たに設け、一人ひとりの子どもの学業・性格・行動・身体などについて、日々に歩んでいる生き生きとした姿を中心に、父母と直接話し合うようにしたのだという。

また、同校には固定的な時間割やチャイムもない。1998年の学習指導要領が「総合的な学習の時間」を設定するよりもはるか前の1978年から40年以上、子どもの意欲や発想に基盤を置く総合学習実践を行っており、毎年教師と子どもたちが探究するテーマを決めている。[*78]

こうした実践のルーツは1918年（大正7年）に遡る。当時、大正デモクラシーの思想をもつ自由主義的な新教育運動（第1次）が全国各地に広がっており、研究を自由に行うことが許される各師範学校や、私立学校では成蹊小学校、成城小学校、自由学園、明星学園など東京の学校が運動の拠点となった。奈良・広島・千葉県などの公立学校でも新しい教育が導入された。

長野師範学校で第2回目の研究学級1年生を担当したのが、淀川茂重《もじゅう》である。この研究学級の理念は「児童の教育は児童にたちかえり、児童によって児童のうちに建設されなければならない」というものであり、淀川は子どもは一人ひとり内なる力をもち、それは教師が教え込もうとして育つものではない、という信念をもっていた。[*79] こうした淀川の考えは今でも伊那小に大きく影響を与えている。

同校の2019年度の実践を少し見ていきたい。[*80] たとえば、1年生は、4、5月は林の用水路で川エビや魚を探したり、湧き水の森でカニを探した。6月に産直市場の動物コーナーのチャボの小屋で餌《えさ》をあげたことをきっかけに、何人かの子どもたちがチャボを飼いたい、と言い出したそうだ。7月に6羽のチャボのひよこを迎え入れたが、汚れたひよこをきれいにしようと水で洗ったところ弱ってしまって、大慌てで孵卵器で温めるというハプニングなどがあった。夏休みを経て、いろいろ話し合いをしながら最終的にクラスとしてチャボを譲り受けることを決定した。その後もチャボが脱走し、教室が糞《ふん》だらけになったり、元気のなくなってきたチャボのために獣医を呼んだりした。どのようにしたらもっと上手に飼えるのかと、自発的に調べたり、様々な合意形成をしながら子どもたちは成長していく。

そのほかの試みとして、4年生のあるクラスでは、荒地を大豆畑にすると決めて、大豆づくりに熱中した。5年生では、みんなと一緒に太鼓を打つ喜びを感じるようになったクラスもあった。クラスごとにそれぞれのテーマと活動が繰り広げられた。

こうした取り組みの根底にあるのは、淀川茂重の「教師が子どもの捉えやすい部分、見える部分だけに着目したのでは、本当に学んでいるのかを理解することはできない」という信念である。子どもの内なる声を聴き、それをどう表出させるか、どう成長させるかを教師は追求し続け、子どもにとってよりよいものを目指し続けることこそが大事であるという強い思いがあった。

また淀川は、子どもの内なるものは教師がそれを信じてただ見守っていれば生まれてくるものではないと考え、豊かな自然のなかで子どもたちの自己決定と自己選択によって、彼らの内なる道徳性が培われると考えた。上述の実践に見られるように、100年の歳月を経たいま現在においても、その理念は色鮮やかに継承されている。

伊那小学校の「まこと」という教育目標

伊那小の教育目標は、「眞事（まこと）」「眞言（まこと）」「誠（まこと）」とされ、同校のホームページには、この教育目標と共に、元伊那小教諭の「詩」[*81]が伝えられている。ここにも、子どもの内なる声を聴くとき、子どもたちのまったく違った姿が見えてくるということがありありと表現されている。

　　未完の姿で完結している

ああでなければならない
こうでなければならないと
いろいろに思いをめぐらしながら子どもを見るとき
子どもは実に不完全なものであり
鍛えて一人前にしなければならないもののようである。
いろいろなとらわれを棄て
柔らかな心で子どもをよく見るとき
そのしぐさのひとつひとつが実におもしろく

はじける生命のあかしとして目に映ってくる。
「生きたい、生きたい」と言い
「伸びたい、伸びたい」と全身で言いながら
子どもは今そこに未完の姿で完結している。

長野県では「信州教育」といって、こうした探究する学びの文化が戦前から脈々と続いている。1886年（明治19年）には、「信濃教育会」という長野県内の教職員などで組織する自主的職能団体が創設され、昭和の戦時下での解散と再出発を乗り越え、現在でも研修や調査研究が継続されている。伊那小だけではなく、長野県には諏訪市立高島小学校、岡谷市立神明小学校など数々の優れた実践校がある。先に述べたように、長野師範学校の研究学級をルーツとし、そこから羽ばたいていった先生方が総合学習の理念を広めていったのである。

横浜の小学校での探索の時間

また、筆者が2019年9月に研究授業にうかがい、2020年1月に教育研究集会でお話しする機会をいただいた横浜国立大学教育学部附属小学校の総合の授業でも、優れた総合学習が実践されている。

同校の総合学習では、子どもたちが何か成果を求めて急ぐのではなく、具体的な探究活動に本格的に入る前の「探索」の時間、つまり自分自身の問いや興味を見つけ、それが発言や行動となって現れるまでのゆったりとした時間を非常に大事にしている。よって、年間の総合学習の70時間を1テーマで過ごすことも多いのだが、こうした時間のとり方が、足腰の強さとなり、次第に子どもは自立的に学びを展開していく。

3年生の「サニーの木を作る」という秘密基地を作る総合単元学習は4月からスタートし、私は9月に授業を見学した。子どもたちは学校内のあまり手の入れられていない空き地のようなフリースペースで思い思いの秘密基地を作っていた。内部でゆったりごろごろできるひまわりで隠れる「ひまわりプロジェクト」や、一番大きな木を使って秘密基地を作ろうというプロジェクト、「地下室ひみつきちプロジェクト」などが立ち上がっていた。地下室のプロジェクトでは一体どれだけ時間をかけたのだろうと感嘆するほど大きな穴が掘られ、何人もの生徒がその穴に入って一心不乱に作業していた。大きな木には、はしごやブランコ、木の上の休憩所ができていた。

同校は春から夏は「模索期」としてテーマや学習材、活動の方向性や目的を定める時期としている。よって、9月でも教師は見守りに徹し、一方で子どもたちの発言や行動を注意深く観察し、何を感じ、何を考えているのかを徹底的に記録していた。

教師はこの単元で子どもたちが環境にはたらきかけ、環境からはたらきかけられるなかで、つくり、つくり替え、またつくるという繰り返しを保証することに留意したという。見通しをもち、計画的に追求することに加え、環境からのはたらきかけによって起こる偶発性や即興性による発想の広がりを求めた。

それは、「這い回る経験主義」ではなく、教師はある見通しをもって、子どもを待つのである。探索によって、子どもたちのこころのなかの言葉（内言）が熟したところで、その表情を汲み取りながら、秋からの総合探究、彼らのいう「充実期」に柔軟に移行していく。ここでこのプロセスを待てず、教師が我慢できずに指導力で引っ張ると、子どもの自立が崩れる。

海外の教育にもレッジョ・エミリア・アプローチのような、観察と記録を非常に大切にする教育法があるが、欧米は一般論として概念や構造に頼り、大雑把な実践も多く見られる。こうした子どもたちの外的な様子だけではなく、こころのなかで起こっている出来事を把握するための非常に丁寧な〝見取り〟は職人気質の日本の国民性でもあり、誇るべきところだと感じている。

地方創生の核となる試み

高校では、島根県立隠岐島前《おきどうぜん》高等学校の事例が興味深い。*82 日本で今、1年間に統廃合される高校の数は50校ほどであり、特に少子化が進む離島や中山間地域や地方都市に集中している。こうした地域では、廃校が少子高齢化と人口減少に拍車をかけ、子育て世代の人口流出を招き、大きな問題となっている。

そうした地域の高校の魅力を上げるための高校魅力化の発祥の地として知られる島根県立隠岐島前高等学校では、1年をかけて地域課題解決型のプロジェクト学習に取り組む。全校生徒160人のおよそ半数は「島留学生」として日本全国・世界各国から集う。多様な価値観のなかで折り合いをつけながらチームごとに課題を設定、その解決策を考案し、実際に試行する取り組みを10年近く展開している。

隠岐島前地域は、人口減少や少子高齢化が進み、財政的にも厳しい状況が続いているが、見方を変えれば、大人が知恵を絞っても解決できない課題が身近にたくさんあるということである。同校の地域課題解決型のプロジェクト学習も、教室の外に出て、自分たちで手足を動かすことを主眼にしている。

たとえば、耕作放棄地に関心を寄せていたチームは、実際に使われていない畑の持ち主に交渉し、畑を借りて実際にあまり手をかけずに育てられる芋を育てることに取り組んだ。また、収穫時には芋掘りを地域の人たちや地元の中学生らと協働することで取り組みの認知を広げ、実際に収穫した芋を使って地域の産業祭で「芋煮汁」を売って収益を上げることに成功した。

こうして生徒たちは、もがきながら、意図しない難しい状況をチームとして乗り越えることによって、深く学び、大きく成長していく。なお、こうしたプロジェクトには、学校の学年部の教職員と地元町村が雇用したコーディネーターという外部人材が共にチームとして授業設計にあたり、生徒に伴走していく。

ここに紹介した学校事例はほんのひとにぎりにすぎない。日本にはこれ以外にも紹介し切れない、多数の優れた学びがある。きらびやかに見える海外の事例は刺激的で、「隣の芝生」は青く見えるかもしれないが、それぞれの学校には切っても切れない社会的・文化的背景がある。海外の事例から学びつつも、日本の事例を尊重し、参照していくことが必要である。

また、こうしてアメリカの事例と日本の事例を並べてみると、お気づきになった方もいるだろうが、日本は学習者の「生活（経験）」を重視した探究に優れた実践が多い。一方で、ハイ・テック・ハイの実践を含め、欧米諸国の実践では「教材（教科）」を重視した探究に優れたものが多い。そのどちらが正しいわけでもない。両方のよい点を見ながら、より多様な探究を実践していくことも可能なのではないかと考える。

そして、最終的には何を大切にし、どんな実践をしたいかを、地域性や子どもたちの姿、そして何よりも教育者自身が「自分はどんな人間なのか」「教育者として自分は何を伝えたいのか」ということを見つめ、自分自身で決めていくことが極めて重要となってくる。

教育と社会は両輪

教師であっても、行政に関わっていても、保護者であっても、自分に見えない足枷《あしかせ》となる考え方がある。自分が「できない病」にかかっていないかどうかと振り返ることは大切である。

今、日本の公教育は危機に瀕している。「学校」というものが揺らいでいる。「脱学校」を唱えたイヴァン・イリッチだけでなく、日本にも「学校不要論」を唱える人はいる。でも、本当に「学校」は不要なのだろうか。「学校」、特に「公教育」がなければ、何が起きるのか。イヴァン・イリッチが改革に取り組んだラテンアメリカは、誰もが知るように、今、激しい経済格差に喘《あえ》ぎ、政治不安が蔓延《まんえん》している。

私は2017年にペルーとボリビアを訪れたが、ペルーのクスコでは、教員と保護者による教師の待遇改善を求める大規模なデモに遭遇した。国立学校（公立）ではその時点で1カ月授業がない状態で、授業はあっても午前中まで。教師の給与は警察官など他の公務員の半分程度で、中産階級以上は、どんなに苦労してでも多額の学費を支払い、子どもを私学にやるという。メキシコやブラジルなど中南米出身で、アメリカで職を得ている恵まれた私の友人は口を揃えて、親がどれだけ苦労して私学に行かせてくれたかという感謝の物語を聞かせてくれる。

いろいろな国に行って思うのは、教育だけが素晴らしく、社会がよくない、というのを見たことがないし、教育がひどいのに、社会が素晴らしいという国もない、ということである。教育と社会（国だったりコミュニティだったり）は車の両輪みたいだ、といつも思う。イヴァン・イリッチの洞察は非常に優れたものであるし、傾聴に値する。本当のことだとも思う。学校などという不完全極まりない場にとらわれず、芸術や自然に存分に触れさせたり、優れた人たちと一緒に何かをする機会をつくったり、子どもの意思を尊重して、自由に学びをデザインしてやると、その子はのびのびと育つかもしれない。仕事を一時的に休んで子どもと旅に出るのも有益かもしれない。もちろんイリッチのいうように、子どもも大人も年齢を問わず、みんなが簡単に利用できる町のなかの学び場がつくられていくことは必要だし、素晴らしいことだ。様々な経験をもつ人たちが混じり合い、学び合う姿は理想である。特に核家族化が進行し、コミュニティの絆が弱くなっている現代社会において、そのような取り組みはどんどん増えていくべきである。

しかし、もしあなたの家に十分な収入がなかったら？　両親とも一日中、仕事で家を空けなければ家計が賄えない場合は？　何らかの理由でひとり親だったり、両親ともいなかったり、親に病気や障害がある場合もあるだろう。そういった場合に、町の博物館や美術館は無料なのだから連れて行けばいい、美しい芸術や自然に親が触れさせればいい、と誰が言えるのだろうか。

何らかの理由ですでに学びの意欲が削がれている子どもたちが、上述のような地域の学びの場に自ら出ていくことは決してない。無理に「町の学び場」に連れて行けば、逆効果でしかない。様々な理由で親が教育を与えられない場合、そういう家庭の子どもは「福祉施設」というカテゴリーのどこかに放り込まれればよいのであろうか。

もし、「学校」が不要というのであれば、「学校」が明示的、非明示的にもっている役割について改めて考えなければならない。そしてそうすることによって、もしかしたら「公教育」というものに対する自信を取り戻すきっかけになるかもしれないし、「教師」という仕事に誇りがもてるようになるかもしれない。ハイ・テック・ハイは、「脱学校」「学校不要」のような論に正面から向き合い、現在の学校教育に対する批判と欠点を十分に認識したうえで、「公正」を基軸にして「学校」というものを捉え直し、再構成しようとしている。そこから学ぶことは多いと考えている。

数々のデータが指し示すとおり、教育が今のままでいいはずがないということは明らかである。ハイ・テック・ハイのような教育は日本には無理だと思うだろうか。だとしたら、まず自分のなかに隠れているメンタル・モデルを探すことから始めるといいかもしれない。壁は大抵の場合、自分でつくってしまっている。その壁に気づくことがまずはスタートだと思う。

あとがき

「ハイ・テック・ハイについて書いてみませんか」というお話をいただいたとき、ありがたい話だと思いつつも少しとまどった。

私が代表を務める「こたえのない学校」では、国際バカロレアやイエナプラン、こども哲学（Philosophy for Children）、そして国内の実践を含め、様々なかたちの「探究する学び」を扱っている。そのため、立場的にハイ・テック・ハイだけを特別にもち上げるのは、バランスが悪いかもしれないと感じたのだ。

そんなこともあって、しばらく返事をもたもたとさせていたのであるが、そうしている間に新型コロナウイルスの感染拡大で学校が全国的に休校となり、法人に依頼されていた研修もどんどん延期やキャンセルになるなかで、ぽっかりと時間ができた。それでもまだ手をつけずにいたのだが、ふと「ハイ・テック・ハイのことをきちんと振り返ってみよう」と思い直し、のろのろと経済産業省のプロジェクトの時の研修資料や、映像撮影のためのインタビュー・シート、自分で書きためていたメモ、ハイ・

テック・ハイが教育者用にまとめた本や引用文献などを読み始めた。

やがて学校を訪れたときの雰囲気や、生き生きと楽しそうに話す子どもたちや先生たちの顔を思い出してきた。次第に、自分が見落としていたもののあまりの多さに愕然とした。「自分はハイ・テック・ハイのことを知っているつもりだったが、全然分かっていなかった」というのが素直な実感だった。

改めて見直してみると、ハイ・テック・ハイのカリキュラムは、「公正」という理念で美しく紡がれており、その実現のために探究があり、プロジェクトがあり、評価や地域連携がある。だからこそあれだけパワフルで、教師も生徒も保護者もコミュニティも熱狂させるのだ、ということが見えてきたのである。

しかも、ハイ・テック・ハイの場合、その公正の理念がお題目で終わらず、カリキュラムの末端にまで浸透している。そして、教師の日々の行動や発せられる言葉などにも、頻繁にその理念が顔を出すのである。

たとえば、本文で詳しく触れた「批評」でも、単に生徒の「批評」スキルを上げるのが目的ではない。日々の「批評」の営みを通して、クラスメイトをよく知り、尊重するようになり、自分のことも、もてる特性や能力にかかわらず、「価値ある人間だ」と感じるようになっていく。そのための具体的な手法やツールも併設の教育大学院を通じて常に見直され、改善され、開発され続けており、その進化の度合いは圧巻である。

さらに、その「公正」の概念は、「探究」とも密接に絡み合っている。時に3Dプリンターなどの最先端の技術を用いながら、時代に即したダイナミックなプロジェクトを展開する際に核となるのが「探究」である。教師は常に生き生きと新しいチャレンジを試み、生徒は障害の多い現実的課題に向き合い、チームとして、そして個人として全力を尽くす。教師も生徒も、その探究する姿勢に差異はない。

実は、多くの探究学習の実践において、子ども一人ひとりの成長や学びを最大限にすることにフォーカスが当てられていても、なぜそれが必要なのか、という問いに明確に答えられないケースが多い。「何のために私たちは学ぶのか」という問いは非常に重要だ。ハイ・テック・ハイはそれを「公正」のためだとしたが、この言葉を選択した理由を探るほどに、同校の思想の深さを知ることになる。

ハイ・テック・ハイは「公正」を「誰もが、人種や性別や、性的な意識や、身体的、もしくは認知的能力にかかわらず、同じように価値ある人間だと感じることができること」と定義するが、これはプラトンが『国家』で「最も弱い人々にも、強い人々にもまたその中間の人々にも、完全調和の音階のもとに同一の歌を歌わせるようにするもの」[*83]といっていたことと同義であり、紀元前からの永遠のテーマである。

ハイ・テック・ハイにおける様々な営みが「公正」を反映したものになっている。

そのなかで日々育つ生徒は、知らぬうちに自分の人生を支えるバックボーンを得たことになるだろう。

「人生を貫く問い」をもつことが大切だといわれつつも、それを見つけるのがとても大変なことも私たちは知っている。ハイ・テック・ハイの子どもたちは、自分だけの問いをもつことの意味も深さも十分に理解するだろう。

理念を言葉に表したとしても、その言葉に熱狂し続けられるかどうかのほうが、実は難しい。また、その言葉を分かりやすく伝え、その理念に共振する人をどれだけ増やせるかも、また難しい。ハイ・テック・ハイを見ていると、言葉の内実を永遠に問い直せるかどうかのほうが、よほど重要だということがよく分かる。

ハイ・テック・ハイ自身、現在のあり方が完璧であるなどとは到底思っていない。探究の過程で組織も変わっていく。常に変化を続けるというのは、核となる言葉を容易に手放すことではなく、その言葉を限りなく大事にして問い直し、探究し続けることである、ということをこの学校は教えてくれる。

今、学校では子どもに向けて「明るく」「たくましく」「元気に」「思いやりをもって」などいろいろな言葉が投げかけられているが、その言葉を実践で磨き、子どもたちの生活や学びに結びつけ、事あるごとに言葉の意味するところを問い直し続けることが重要である。同じことは、立派な理念やミッションをもつ企業にもいえるだろう。

本編を書いている間、新型コロナウイルスの感染拡大に伴う休校によって様々なことが起きた。子どもたちは学校に集まれなくなり、安否確認すら十分にできなくなった。家庭での子どもへの虐待が増えたともいわれる。「学校」に子どもを「預けられなくなった」場合、教師にできることは何なのだろう。学校に来られなくなった子どもたちに対し、授業時間分のプリントを印刷して家庭に配り、それを1週間後や2週間後に提出させて、「時数を消化した」ことにするという話も聞いた。それだったら、民間の通信添削教材のほうがよほど手間をかけて作られているし、システムも整っている。慣れないオンライン授業動画を時間をかけて作製するくらいなら、NHK for School（多様な学習のための映像コンテンツをウェブ上で公開）を流したほうがいいかもしれないと嘆く教師もいた。そもそも小学校低学年の子のほとんどは、自主的にプリント学習などしないだろう。そうするとおのずと家庭環境の差が学力の差に直結する。

「そもそもプリント学習することは『学び』なのだろうか」「オンラインでつなぐことで学びはどう変わるのか」「そもそも変わっていっていいのか」そんな先生たちの声を毎日のように聞いていた。私も同じようなことを考えながら揺れに揺れていたのだが、ある日、日本イエナプラン教育協会理事の中川綾さんと話していて、「イエナプランには原則があるから、新型コロナがあっても何も変わらない。手段が変わっても、大切にしたいものが変わらなければ、それに沿って考えればいいですよね」と言われてはっとした。確かにそうだ。大事にしている言葉があれば、それを基軸に考え直せばいいだけなのだ。

新型コロナウイルスにこれだけ振り回されてしまうのは、私たちが何を大切にしているのかを見失ってしまったからではないだろうか。もしそれがなければ、オンラインのかたち、授業のかたちをどれだけ追っても、表面上の工夫に終わってしまうのではないだろうか。

今回、カリキュラムについて質問をしたついでに、ハイ・テック・ハイ本校のジョン・サントスに「新型コロナウイルスに伴う学校の変化や学びの変化」について聞いたところ、返ってきたのはこんな言葉だった。

「新型コロナウイルスで休校になったとき、僕たちみんなのこころにはじめにあったのは『公正』だった。様々な家庭環境にあって、様々なニーズをもつ生徒たちに僕たちは何ができるのか、どうやったらすべての生徒が十分な学びの経験を継続できるのかを考えていったんだ。まずやったことはすべての家庭にコンピュータを届けること、そして低所得者の家庭にはランチを配給することだった。家庭には2人、3人のきょうだいがいるケースもあり、パソコンの取り合いにならないよう、きょうだいの学びの時間が重ならないようなスタイルも模索していった。こういう時は少し落ち着いて、学校にあって家庭にないものは何か、本当に何が必要かを考えることが大事だと思う。たとえば、学校だったら友達と会ってエキサイトして学びへ向かうということができるけど、状況が違うこういう時はフレキシブルに選択肢を増やし、自分のやりたいことをやってみることが大事なのかもしれない。僕たちのオンライン授業というのは何かコンテンツがあるわけではなく、自分たちが家庭で学んだことやこれからの学習計画をシェアするような簡単なものになっている。通常より社会的・情動的サポートにリソースを割いている」

本書は、「昨日の教え方で今日教えれば、子どもの明日を奪う（If we teach today's students as we taught yesterday's, we rob them of tomorrow）」というデューイの言葉から始めた。しかし同時にデューイは、「教育は人生のための準備ではなく、人生そのものである（Education is not preparation for life; education is life itself）」という言葉も残している。どんなに懐かしくとも、昨日の自分に戻ることもできなければ、昨日の社会に戻ることもできない。いくら懐かしくとも、ウイルスが蔓延する前の世界には戻ることは絶対にできない。そもそも、懐かしかったあの時がウイルス程度で壊れてしまったのだとすれば、なぜ壊れてしまったのかを考え直さなければならない。ウイルス程度では壊れない「何か」を私たちは見出さなければならないし、そうしたものを大切に育てていかなければならない。よって、「新型コロナがあるから」という理由で私は今回書く内容を一切変えなかった。変える必要もないと思った。大切なものは変わらないし、大切なものの強靭さを伝えたいと思ったからである。

先にも書いたように、私がハイ・テック・ハイのすべてを知っているわけでは当然ない。よく考えてみれば、私は何度か同校を訪問し、研修も受け、日本で研修を実施したが、だからといって、ハイ・テック・ハイの教師だったわけでも、生徒だったわけでもない。確かにアメリカで3年子育てをしたし、現地の教職課程の授業もとったし、現地の高校で少し教えもしたが、私が実際に見たものはアメリカの断片にすぎない。

だから、本書を書くにあたっては、できるだけ現場の声を確実に届けたいと思った。前述のジョン・サントスとノースカウンティ小学校教師のジャメル・ジョーンズは、実際のプロジェクトで使ったマテリアルやプランを提供してくれただけではなく、私の様々な質問や確認にいつでも気持ちよく答えてくれた。細かいデータは元ハイ・テック・ハイ全校の校長で、現在は教育大学院のプレジデントをしているベン・デイリーから提供してもらった。

学生や卒業生、様々な教師へのインタビューは、経産省のプロジェクトの一環としてとても美しい映像を撮っていただいた、EXIT FILMの田村祥宏さんと寺井彩さんたちの文字起こしを多く使わせていただいた。また、ハイ・テック・ハイの日本での研修時に通訳をしていただき、現在は同校にお子さんが通っている塚越悦子さん、ハイ・テック・ハイに留学して、現在教育活動をされている岡佑夏さんには、生徒や保護者の立場からのざっくばらんなお話をたくさん聞かせていただくことができた。

第2章のPBLの歴史、そして探究する学びの哲学や背景については、上智大学共同研究員の桐田敬介君と一緒にこれまで「こたえのない学校」で行ってきた哲学プログラムなどでの学びを参考にしている。また、はじめてハイ・テック・ハイを訪れたときに一緒だった軽井沢風越学園の岩瀬直樹先生には、原稿段階で共有し、同校の先生たちからフィードバックを得ることができた。さらに、第7章で紹介した数々の日本の優れた実践やハイ・テック・ハイ研修後の取り組みについて、様々な先生たちから授業の様子のレポートをいただいた。

本書でどれだけ正確にハイ・テック・ハイというものを伝えることができているかはこころもとない。ハイ・テック・ハイの先生たちにも喜んでもらえるようなものになっていたらと切に望んでいる。

そして何より、「Most Likely to Succeed」を知ったのは、現在もLearn by Creationという団体で一緒に活動をする竹村詠美さんとの出会いによってである。もし彼女に会わなければ、ハイ・テック・ハイにこれだけ深く関わることもなかった。

さらにハイ・テック・ハイをはじめに日本に紹介するにあたって経産省のサポート

は不可欠であったし、その時に実業家の孫泰蔵さんが資金面で貧弱な私たちを温かく見守ってくださったのもとてもありがたかった。

また、この本の企画・編集では平凡社の吉田真美さん、木村企画室の木村隆司さんに大変お世話になった。

最後になるが、2014年から3年間のアメリカ生活と現地での子育ては私の人生を大きく変えた。この渡米は、夫の仕事の転勤に帯同したことが理由だったし、そもそも教育に関心を強くもつようになったのは娘の子育てがきっかけである。好き放題に動き回る私を泳がせてくれ、様々なチャンスを与えてくれた2人にこころからの感謝を伝えたいと思う。

2020年10月

藤原さと

はじめに

＊1　プラトン、藤沢令夫訳『国家（上）』１００頁、岩波文庫、１９７９年

＊2　「Most Likely to Succeed: Preparing Our Kids for the Innovation Era」の上映会をしているFutureEdu推定値。http://www.futureedu.tokyo/

＊3　ハイ・テック・ハイはチャータースクールという形態をとっている。チャータースクールは公的資金を中心に運営されているため、アメリカでも公立校と言及するか、従来型の公立校とは別に言及するか意見が分かれている。ハイ・テック・ハイは自身について「公立チャータースクール」という言い方をしている。本文ではチャータースクールの説明を後にするため、ここではひとまず「公立校」としておく。

＊4　英語ではEconomically disadvantagedという。フリーミール、もしくはリデュースドミールといって、アメリカ農務省（ＵＳＤＡ）のガイドラインに沿って、世帯収入が少ない場合などに給食が無料もしくは割引となる対象者のことを指す。https://www.fns.usda.gov/nslp

＊5　ハイ・テック・ハイホームページ（２０２０年11月２日時点）。https://www.hightechhigh.org/about-us/

＊6　ハイ・テック・ハイ教育大学院のPresident Ben Daleyへの著者によるメールインタビュー（２０２０年４月28日）。

＊7　ラリー・ローゼンストックへのインタビュー（２０１８年12月７日）。

1　なぜ「探究」する学びが求められたのか

＊8　「アメリカにおける中等教育改革の基本原理と総合性中等学校の展開についての概観」加藤憲雄。https://ins.jp.org/aer_files/aer_file7_nkato.pdf

＊9　サルマン・カーン、三木俊哉訳『世界はひとつの教室』ダイヤモンド社、２０１３年

＊10　ハイ・テック・ハイホームページ（２０２０年11月２日時点）。https://www.hightechhigh.org/about-us/

＊11　National Center for Education Statisticsより２０１７年データ。https://nces.ed.gov/fastfacts/display.asp?id=30

＊12　“Most Likely to Succeed” (Introduction) Tony Wagner, Ted Dintersmith, 2015

＊13　“Most Likely to Succeed” (High Tech High, The Deeper Learning Network, and Ed Learner 21) Tony Wagner, Ted Dintersmith 2015

＊14　２０１８年12月に実際にハイ・テック・ハイを訪れ、ラリーにインタビューしたときのメモより。

＊15　ハイ・テック・ハイホームページ https://www.hightechhigh.org/about-us/。そのままの訳では分かりにくいので、補足および意訳を入れた。

＊16 数学のみミドルスクールから別クラスとなっている。

＊17 Ron Berger, EL Education https://eleducation.org/about/staff/ron-berger

＊18 Ron Berger, *An Ethic of Excellence: Building a Culture of Craftsmanship with Students*, 1st Edition, Heinemann, 2003

＊19 Ken Robinson, *Finding Your Element: How to Discover Your Talents and Passion and Transform your life*, Penguin, 2013

2 プロジェクトベースの学びとは何か

＊20 エーリッヒ・フロム、日高六郎訳『自由からの逃走』２８７頁、東京創元社、１９５２年

＊21 PBLWorks (https://www.pblworks.org/what-is-pbl) の定義 "Project Based Learning (PBL) is a teaching method in which students learn by actively engaging in real-world and personally meaningful projects" を和訳した。

＊22 「学習指導要領」とは「全国どこの学校でも一定の水準が保てるよう、文部科学省が定めている教育課程（カリキュラム）の基準」（文部科学省、２０２０年）である。

＊23 Common Core State Standard Initiative http://www.corestandards.org/

＊24 Illinois Mathematics and Science Academy https://www.imsa.edu/

＊25 リンダ・トープ／サラ・セージ、伊藤通子・定村誠・吉田新一郎訳『ＰＢＬ学びの可能性をひらく授業づくり』18頁、北大路書房、２０１７年

＊26 世界新教育学会ホームページ https://wef.jimdofree.com/ および岩間浩「ユネスコ・タゴール・モンテッソーリ――新教育運動を貫く糸としての神智学」（神尾学編著『未来を開く教育者たち』第1章、コスモスライブラリー、２００５年）他参照。

＊27 伊藤邦武『プラグマティズム入門』39頁、ちくま新書。

＊28 「形而上学クラブ」の詳細についてはイ・メナンド、野口良平・那須耕介・石井素子訳『メタフィジカル・クラブ』、みすず書房、２０１１年に詳しい。

＊29 『プラグマティズム入門』64頁

＊30 上山春平・山下正男訳『世界の名著48 パース・ジェイムズ・デューイ』61頁、中央公論社、１９６８年

＊31 『プラグマティズム入門』76頁。略した部分は「現金化して」という表現であるが、分かりにくく誤解を与えやすいため省略した。実際にこの表現をしたことでラッセルに批判されている。

＊32 『世界の名著48 パース・ジェームズ・デューイ』２３５頁

＊33 『プラグマティズム入門』93頁

＊34 佐藤学『米国カリキュラム改造史研究』東京大学出版会、１９９０年。コース・オブ・スタディ改訂運動については、第Ⅲ部「公立学校における単元学習の普及と定着」に詳しい。

*35 構成主義の知識観を共有する学習理論の一つとして大きなものが、ヴィゴツキーの「発達の最近接領域」理論である。「発達の最近接領域」とは、子どもが一人だけでできるレベルと誰かの援助や何かの道具を媒介すればできるレベルとの間の領域を意味している。確かに人は一人でも経験をベースに知識を構成していくことは、ある程度は可能かもしれないが、そこに刺激を与えることで、ぐっとその理解や構成のレベルが上がるということを証明したものである。つまり一人で学んでいるよりも、教師や友達、保護者が一緒にいて適切な刺激を受けると、人はよりよく学ぶという考え方である。

*36 『世界の名著48 パース・ジェイムズ・デューイ』４９１頁

*37 今井むつみ『学びとは何か』第６章、岩波新書、２０１６年

*38 上野正道『学校の公共性と民主主義』東京大学出版会、２０１０年。バーンズとデューイの芸術教育については、２４８頁以降に描かれている。

3 プロジェクト型学習が子どもの生きる力を伸ばす

*39 パウル・クレー、ユルグ・シュピラー編、土方定一他訳『造形思考（下）』５２１頁、新潮社、１９７３年

*40 ハイ・テック・ハイ教育大学院で２０１８年秋に筆者が受けた研修の「High Tech High Schools—Education Design Kit」を参照。

*41 先生たちはそれぞれのホームページを作成し、今までやったプロジェクトの詳細を掲載している。ハイ・テック・ハイのホームページの教員ページ「Our Team」で、先生の写真をクリックすると「デジタルポートフォリオ（DP）」があるので、そこを見ると分かる。

*42 グラント・ウィギンス／ジェイ・マクタイ、西岡加名恵訳『理解をもたらすカリキュラム設計』、日本標準、２０１０年に詳しい。

*43 *Hands and Minds*, Edited by Tom Fehrenbacher, Randy Scherer, High Tech High 2017, p.25

4 「美しい仕事」をする生徒たち

*44 "The arts, it has been said, cannot change the world, but they may change human beings who might change the world."を筆者和訳。

*45 Beautiful Work, Ron Berger, 2015 https://my.pblworks.org/resource/document/beautiful_work

*46 デジタル大辞泉 https://dictionary.goo.ne.jp/jn/

*47 *Hands and Minds*, p.102

*48 Ibid. p.99.

*49 Ibid. p.102.

*50 Ibid. p.104.

*51 The Collaborative for Academic, Social, and Emotional Learning (CASEL) https://casel.org/

5　「評価」を変えれば子どもも変わる

＊52　ルソー、永田千奈訳『孤独な散歩者の夢想』25頁、光文社古典新訳文庫、2012年

＊53　スター・サックシュタイン、高瀬裕人・吉田新一郎訳『成績をハックする』、新評論、2018年

＊54　2018年12月にハイ・テック・ハイを訪問したときの同校プレゼンテーション資料より。

＊55　2020年4月にハイ・テック・ハイ教育大学院プレジデントのベン・デイリーから入手した資料より。

＊56　令和元年度地方協議会等説明資料「新学習指導要領の全面実施と学習評価の改善について」文部科学省、47頁より。なお、2020年度の新学習指導要領では（1）知識・技能、（2）思考・判断・表現、（3）主体的に学習に取り組む態度など、観点の整理がなされている。

6　学習し、成長する組織

＊57　Yuka Oka「note」https://note.com/okayuka/n/n91f3e7e7596a

＊58　ピーター・M・センゲ他、リヒテルズ直子訳『学習する学校』20頁、英治出版、2014年。ここではハイ・テック・ハイの組織説明のため5つのディシプリンを要約した。

＊59　『学習する学校』526頁

＊60　ハンナ・アレント、志水速雄訳『革命について』195頁、ちくま学芸文庫、1995年

＊61　Yuka Oka「note」https://note.com/okayuka/n/n91f3e7e7596a

＊62　『学習する学校』159頁

＊63　イヴァン・イリッチ、東洋・小澤周三訳『脱学校の社会』59頁、東京創元社、1977年

＊64　『脱学校の社会』92頁

＊65　『脱学校の社会』161頁

＊66　『脱学校の社会』196頁

7　日本の学校への応用

＊67　Education is an act of love, thus an act of courage. No matter where the oppressed are found, the act of love is commitment to their cause—the cause of liberation. を筆者翻訳。

＊68　前出『学習する学校』75頁

＊69　注意欠陥・多動性障害（ADHD）の薬物治療の第一選択肢としては、まず塩酸メチルフェニデート製剤（リタリン、コンサータ）が使われている。この薬は根治薬ではなく、注意欠陥・多動性障害などの症状を抑える薬として、アメリカ、ヨーロッパなど世界中で使

われている。

＊70 Education at a Glance 2019, OECD “Indicator D3 How much are teachers and school heads paid?”

＊71 「平成30年度東京都公立学校教員採用候補者選考（31年度採用）の結果について」東京都教育委員会。https://www.kyoiku.metro.tokyo.lg.jp/press/press_release/2018/release20181012.html

＊72 「教員採用選考試験における競争率の低下――処遇改善による人材確保の必要性」参議院。https://www.sangiin.go.jp/japanese/annai/chousa/rippou_chousa/backnumber/2019pdf/20191101018.pdf

＊73 「ＯＥＣＤ生徒の学習到達度調査２０１８年調査（PISA2018）のポイント」文部科学省・国立教育政策研究所。https://www.nier.go.jp/kokusai/pisa/pdf/2018/01_point.pdf

＊74 「新学習指導要領について 平成28年７月」文部科学省。https://www.mext.go.jp/b_menu/shingi/chousa/shisetu/044/shiryo/__icsFiles/afieldfile/2018/07/09/1405957_003.pdf

＊75 「新高等学校学習指導要領について 平成30年７月」文部科学省。https://www.mext.go.jp/a_menu/shotou/new-cs/__icsFiles/afieldfile/2018/09/14/1408677_1.pdf

＊76 「平成30年度公立小・中学校等における教育課程の編成・実施状況調査の結果について」文部科学省

＊77 ２０１９年８月に実施されたLearn by Creationのイベントで実施されたハッカソンで出会った内村萌さん（空間デザイナー）、桜井幸子さん（民間教育事業）、池田裕紀さん（株式会社エヌ・ティ・ティ・データ）たちと協働で授業をつくり上げた。

＊78 木全清博「伊那小学校の総合学習実践からみた社会科と『総合的な学習』との関係」、日本社会科教育学会『社会科教育研究』第87号、２００２年

＊79 宗形潤子「淀川茂重の教育とその思想――低学年教育における子どもとその学びに関する示唆」『福島大学総合教育研究センター紀要』第22号、２０１７年

＊80 長野県伊那市伊那小学校『公開学習指導研究会研究紀要「内から育つ」令和元年度』から抜粋。

＊81 大槻武治教諭による詩。

＊82 大野佳祐氏（隠岐島前教育魅力化プロジェクト・教育魅力化コーディネーター）、澤正輝氏（隠岐國学習センター）への２０２０年７月ヒアリングによる。

あとがき

＊83 『国家（上）』３２９頁

藤原さと

一般社団法人こたえのない学校代表理事。慶應義塾大学法学部政治学科卒業。コーネル大学大学院修士（公共政策学）。日本政策金融金庫にて中小企業・新規事業融資に従事後、ソニー（株）本社経営企画管理・戦略部門で、海外企業との共同開発、技術・資本提携等のプロジェクトに携わる。娘の公立保育園の父母会長になったことをきっかけに「探究する学び」に出会い、２０１４年に一般社団法人こたえのない学校を設立。学校教員・民間教育者・ビジネスマンなど教育変革をめざす多様な大人が探究する学び場「Learning Creators' Lab（ＬＣＬ）」を主宰。米国High Tech High、ＭＩＴメディアラボ等の海外教育研修の日本導入にも携わる。著書に『協働する探究のデザイン』（平凡社）、企画・解説に『子どもの誇りに灯をともす』（英治出版）、共同執筆に『ラクガキのススメ』（あいり出版）がある。

こたえのない学校
https://kotaenonai.org/

「探究」する学びをつくる
社会とつながるプロジェクト型学習

２０２０年12月２日　初版第１刷発行
２０２４年９月12日　初版第７刷発行

著者　藤原さと
発行者　下中順平
発行所　株式会社平凡社
〒１０１-００５１
東京都千代田区神田神保町３-29
電話　０３-３２３０-６５９３（編集）
　　　０３-３２３０-６５７３（営業）
振替　００１８０-０-２９６３９
平凡社ホームページ　https://www.heibonsha.co.jp/
印刷　株式会社東京印書館
製本　大口製本印刷株式会社

ISBN 978-4-582-73110-1　ＮＤＣ分類番号３７５
四六判（18・8㎝）　総ページ２４８